Matthias Müller

Auswahl mit Variantenvergleich, Planung und prod
eines Verfahrens zur Verschlüsselung von externen

Bibliografische Information der Deutschen Nationalbibliothek:

Bibliografische Information der Deutschen Nationalbibliothek: Die Deutsche
Bibliothek verzeichnet diese Publikation in der Deutschen Nationalbibliografie;
detaillierte bibliografische Daten sind im Internet über http://dnb.d-nb.de/ abrufbar.

Copyright © 2003 Diplomica Verlag GmbH
Druck und Bindung: Books on Demand GmbH, Norderstedt Germany
ISBN: 9783836600613

http://www.diplom.de/e-book/225133/auswahl-mit-variantenvergleich-planung-
und-produktionswirksame-einfuehrung

Matthias Müller

Auswahl mit Variantenvergleich, Planung und produktionswirksame Einführung eines Verfahrens zur Verschlüsselung von externen Mails in der Berliner Volksbank

Diplom.de

Matthias Müller

Auswahl mit Variantenvergleich, Planung und produktionswirksame Einführung eines Verfahrens zur Verschlüsselung von externen Mails in der Berliner Volksbank

Diplomarbeit
Berufsakademie Berlin
Fachbereich Informatik
Juli 2003

Diplom.de

Diplomica GmbH
Hermannstal 119k
22119 Hamburg

Fon: 040 / 655 99 20
Fax: 040 / 655 99 222

agentur@diplom.de
www.diplom.de

Matthias Müller
Auswahl mit Variantenvergleich, Planung und produktionswirksame Einführung eines Verfahrens zur Verschlüsselung von externen Mails in der Berliner Volksbank

ISBN: 978-3-8366-0061-3
Druck Diplomica® GmbH, Hamburg, 2007
Zugl. Berufsakademie Berlin, Berlin, Deutschland, Diplomarbeit, 2003

AUTORENPROFIL

Matthias Müller | **Dipl.-Ing.**

Dieselstraße 52
14482 Potsdam

📱 01 70 / 419 24 90
☎ 03 31 / 290 16 83
✉ matzemueller2@gmx.de

meine persönlichen Daten
geboren am 24.02.1980 in Berlin
ledig

meine wichtigsten Eigenschaften
Einsatzbereitschaft, Verantwortungsbewusstsein, hohe Auffassungsgabe

angestrebter Aufgabenbereich
IT-Revision: Prüfung, IT-Forensik, Beratung
IT-Systeme: Projekte, Beratung und Schulung

Studium

26.08.2003	Diplomprüfung	**Akad.-Grad:** Diplom-Ingenieur Informatik (BA), Gesamtnote: 1,3 **Diplomarbeit:** Auswahl mit Variantenvergleich, Planung und produktionswirksame Einführung eines Verfahrens zur Verschlüsselung von externen Mails in der Berliner Volksbank eG, Note: 1,0
2000 – 2003	Studium an der Berufsakademie Berlin	**Fachrichtung:** Technische Informatik **Fächer:** Wissensbasierte Systeme, Programmierung, Projektmanagement, Datenbanken, Betriebssysteme

Berufliche Entwicklung

seit 04/2005	**IT-Revisor** bei der Berliner Volksbank eG	**Revision** von IT-Prozessen, IT-Systemen, Geschäftsprozessen Beratung im Rahmen von Projektbegleitungen
2005	**Systemadministrator** bei der Berliner Volksbank eG	**Projektmitarbeit**, Lizenzmanagement, fachliche Begleitung bei der Einführung von IT-Systemen
2003 – 2004	**Projektmitarbeiter** bei der Berliner Volksbank eG	**Einführung** verschiedener bankfachlicher IT-Systeme (Beratung, Konfiguration, Schulungskonzeption, Schulung) **stellv. Projektleitung** in einem Projekt zur Systemeinführung eines Verwaltungs- und Dokumentationssystems für technische Kompetenzen
2000 – 2003	**duales Studium** an der Berufsakademie Berlin und Berliner Volksbank eG	**innerbetriebliche Ausbildung:** Machbarkeitsstudie zum Thema Wake on LAN, Entwicklung und Implementierung einer Software zur Unterstützung des IT-Changemanagements, VBA-Programmierungen, Einführung eines Videokonferenzsystems

Fort- und Weiterbildung

2006	externe Schulungen interne Schulungen	Revisorenseminare, Lokale Netzwerke Präsentationstechniken
2005	externe Schulungen	Revisorenseminare, IT-Bankensysteme
2004	interne Schulungen	Train the Trainer, Projektmanagement

Kenntnisse und Interessen

Sprachen	Englisch	Kenntnisse in Wort und Schrift
Didaktik	Erwachsenenbildung	Einsatz als innerbetrieblicher Dozent
Hobby	Kampfsport	Ju-Jutsu, Trainer und Kassenwart in einem Sportverein

Inhaltsverzeichnis

Abkürzungsverzeichnis

ASCII	American Standard Code for Information Interchange
BIOS	Basic Input Output System
CA	Certification Authority (Zertifizierungsinstanz)
CRL	Certificate Revocation List (Sperrliste)
DES	Data Encryption Standard
DIR	Directory Service (Verzeichnisdienst)
DMZ	Demilitarisierte Zone
DNS	Domain Name Service
DOS	Disk Operating System
DVW	Direkte Vertriebswege
FIPS	Federal Information Processing Standard
HTTP	Hyper Text Transfer Protocol
IDE	Integrated Drive Electronics
IDEA	International Data Encryption Standard
IETF	Internet Engineering Task Force
IMAP	Internet Message Access Protocol
IP	Internet Protocol
ISO	International Standard Organisation
IT	Informationstechnologie
IuKDG	Informations- und Kommunikationsdienste-Gesetz
LAN	Local Area Network
LDAP	Lightweigth Directory Access Protocol
MAC	Message Authentication Code
MX-Record	Mail Exchange Record
NSA	National Security Agency (Sicherheitsdienst in den USA)
NTIS	National Technical Information Service
OID	Object Identifier
OIT	Organisation Informationstechnik (Abteilung der Berliner Volksbank)
PEM	Privacy Enhanced Mail
PKCS	Public-Key Cryptography Standard
PKI	Public Key Infrastructure
PKIX	Public Key Infrastructure X.509 (Standard der IETF)
POP3	Post Office Protocol Version 3
PSE	Personal Security Environment
(L)RA	(Local) Registration Authority (Registrierungsinstanz)
RC4	Rivest Cipher Nr. 4

RFC	Request For Comment (Standards der IETF)
RSA	Rivest-Shamir-Adleman (asymmetrisches Verschlüsselungsverfahren)
SCSI	Small Computer System Interface
SigB	Beschluss der Bundesregierung zur Sicherheit im elektronischen Rechts- und Geschäftsverkehr mit der Bundesverwaltung, vom 16. Januar 2002
SigG	Beschluss des Bundestages, vom 16.05.2001, abgedruckt in: Bundesgesetzblatt Jahrgang 2001 Teil I Nr. 22
SigR	Richtlinie 93/99/EG des europäischen Parlamentes und des Rates vom 13. Dezember 1999 über gemeinschaftliche Rahmenbedingungen für elektronische Signaturen
SigV	Verordnung der Bundesregierung, vom 16.11.2001, abgedruckt in: Bundesgesetzblatt Jahrgang 2001 Teil I Nr. 59
S/MIME	Secure/Multipurpose Internet Mail Extension
SMTP	Simple Mail Transfer Protocol
ESMTP	Extended SMTP (Erweiterung von SMTP)
SSL	Secure Socket Layer
TTP	Trusted Third Party
URL	Uniform Resource Locator (Internetadresse)
VLAN	Virtual Local Area Network

Abbildungsverzeichnis

Tabellenverzeichnis

Die Wiedergabe von Gebrauchsnamen, Handelsnamen, Warenbezeichnungen usw. in dieser Diplomarbeit berechtigt auch ohne besondere Kennzeichnung nicht zu der Annahme, dass solche Namen im Sinne der Warenzeichen- und Markenschutz-Gesetzgebung als frei zu betrachten wären und daher von jedermann benutzt werden dürfen.

1 Einleitung

1.1 Thema der Arbeit

Die Einführung eines Verfahrens zur Verschlüsselung von externen E-Mails bei der Berliner Volksbank dient dem Schutz der Inhalte, welche per E-Mail mit Geschäftspartnern und Kunden ausgetauscht werden. Heute erfolgt die E-Mail Kommunikation bei der Berliner Volksbank ungeschützt bzw. vereinzelt unzureichend geschützt. Potenziellen Angreifern bietet sich durch Abfangen und Mitlesen von E-Mails die Möglichkeit, tiefe Einblicke in die Organisationsstrukturen und Geschäftstätigkeiten der Berliner Volksbank zu erhalten. Auf Grund dieser Gefahren ist es derzeit per Arbeitsvorschrift verboten, sensible Daten wie Kundendaten oder Personaldaten per E-Mail mit Dienstleistern oder Geschäftspartnern auszutauschen. Der Austausch sensibler Daten erfolgt nur auf dem Postweg. Die Verwendung eines Verfahrens zur Verschlüsselung von externen E-Mails bietet zusätzlich die Möglichkeit, den Austausch auch von sensiblen Daten zu beschleunigen.

Im ersten Teil der Arbeit werden insbesondere kryptografische Grundlagen, gesetzliche Bestimmungen sowie E-Mail Verschlüsselungsstandards betrachtet. Auf der Basis dieses Wissens erfolgt die Erarbeitung verschiedener Konzepte für die Einführung eines E-Mail Verschlüsselungssystems bei der Berliner Volksbank. Es werden die Vor- und Nachteile der verschiedenen Konzepte aufgezeigt. Durch einen Variantenvergleich anhand der Anforderungen der Berliner Volksbank an ein E-Mail Verschlüsselungssystem wird die Entscheidung für die Umsetzung eines der Konzepte getroffen. Im anschließenden Teil der Arbeit wird die Umsetzung des gewählten Konzeptes in eine produktionsfähige Lösung betrachtet. Den Schlussteil der Arbeit bilden eine Bewertung der Ergebnisse sowie ein Ausblick in die Zukunft.

1.2 Abgrenzung der Arbeit

Ziel der Arbeit ist es, verschiedene Konzepte für E-Mail Verschlüsselungssysteme zu erarbeiten und zu vergleichen. Das für die Berliner Volksbank beste Konzept soll in Form eines Funktionsnachweises getestet werden. Das Ergebnis des Tests dient dem technischen Dienstleister der Berliner Volksbank, der FIDUCIA AG, als Grundlage für die Umsetzung des E-Mail Verschlüsselungssystems bei der Berliner Volksbank.

Die E-Mail Kommunikation mit den Kunden der Berliner Volksbank wird in der Arbeit nur am Rande betrachtet. Deren Kommunikation mit der Berliner Volksbank soll über die Internetplattform für direkte Vertriebswege (DVW) kanalisiert werden und wird durch die Sicherheitseinrichtungen der DVW ausreichend geschützt sein. Der in der Arbeit verwendete Begriff externer Kommunikationspartner dient als Bezeichnung für Geschäftspartner und Dienstleister der Berliner Volksbank. Die E-Mail Kommunikation mit diesen Unternehmen steht im Mittelpunkt der folgenden Betrachtungen.

1.3 Rahmenbedingungen

Bei der Berliner Volksbank wird die Bürokommunikationsplattform Lotus Notes in den Versionen 4.6.x und 5.0.x eingesetzt. Der E-Mail Verkehr mit internen und externen Kommunikationspartnern erfolgt über diese Plattform. Die Wartung und Administration der technischen Infrastruktur liegt in der Obhut der FIDUCIA AG.

Lotus Notes integriert bereits eine Verschlüsselungslösung, welche für den internen E-Mail Verkehr anwendbar ist. Für die Verschlüsselung des externen E-Mail Verkehrs per Lotus Notes Verschlüsselung wäre eine Zugriffsmöglichkeit durch externe Kommunikationspartner auf das Notes-ID Adressbuch der Berliner Volksbank notwendig. Dies ist aus sicherheitspolitischen Gründen unzulässig. Der Bedarf eines E-Mail Verschlüsselungssystems bei der Berliner Volksbank ist gegeben. Vereinzelt werden Notlösungen eingesetzt, um sensible Daten schnell mit externen Kommunikationspartnern austauschen zu können. Prinzipiell werden persönliche Daten von Kunden und Mitarbeitern nur per Post an Dienstleister der Berliner Volksbank, wie Kreditkartenhersteller oder Personaldienstleister übermittelt.

2 Kryptografie

2.1 Einführung in die Kryptografie

„Big Brother is watching you" George Orwell

Im Jahr 1993 traf die Firma Siemens der bisher spektakulärste Fall von Spionage durch Abhören von Nachrichten. Das Abfangen eines Angebotes per Fax durch den französischen Geheimdienst bewirkte, dass dem Weltkonzern ein Milliardenauftrag der Regierung Südkoreas für den Bau von Hochgeschwindigkeitszügen entging. Ein Anbieter aus Frankreich war durch den Erhalt dieser Information in der Lage das Angebot von Siemens zu unterbieten [Ulfkot]. Dieses Beispiel könnte durch viele weitere aus der Menschheitsgeschichte ergänzt werden.

Seit es mit Sprache begabte Lebewesen gibt, gibt es auch vertrauliche Mitteilungen, also Mitteilungen, die nur für eine einzige Person oder nur für einen ganz bestimmten Personenkreis gedacht sind und von denen Außenstehende keine Kenntnis erhalten sollen [AlBeu]. Um das Ziel der Geheimhaltung von Informationen zu erreichen, beschäftigen sich die Menschen schon seit Jahrtausenden mit der Lehre der Verschlüsselung, der Kryptografie. Kryptografie (auch Kryptographie) ist aus den griechischen Wörtern kryptein „verstecken" und gráphein „schreiben" zusammengesetzt. Diese Wissenschaft bedient sich als Hilfsmittel der Mathematik. Denn nur durch eine mathematische Denkweise und mit Hilfe von mathematischen Kenntnissen ist es möglich, Verfahren zur sicheren Verschlüsselung von Daten zu entwickeln.[1]

Die kryptografischen Verfahren, welche durch Kryptologen entwickelt werden, verfolgen mehrere Ziele. Abgefangene Daten bei einer Datenübertragung sollen unbrauchbar sein. Ein Angreifer, welcher die verschlüsselten Daten, den Chiffretext, abfängt, darf nicht in der Lage sein innerhalb eines angemessenen Zeitraumes die ursprünglichen Daten, den Klartext, zu erhalten. Welcher Zeitraum als angemessen gilt bestimmt die Art der Daten sowie das Sicherheitsbedürfnis der Kommunikationsteilnehmer. Eine weitere Gefahr bei der Datenübertragung besteht in der Manipulation der gesendeten Daten. Ein Angreifer könnte nicht nur die Informationen erhalten, sondern auch verändert weitersenden, um so Handlungen des Empfängers auszulösen, zu beeinflussen oder gar zu verhindern. Der Angreifer könnte sich als der sendende Kommunikationsteilnehmer ausgeben und ebenfalls Handlungen beim Empfänger auslösen, beeinflussen oder verhindern. Die beschriebenen Gefahren bei der Datenübertragung beziehen sich auf Einflüsse, welche von außen auf die Kommunikation wirken. Eine von innen wirkende Gefahr stellt die nicht immer gegebene Glaubwürdigkeit der Kommunikationsteilnehmer dar. Um zu verhindern, dass der Sender die übermittelte Nachricht leugnet, schaffen kryptografische Verfahren Verbindlichkeit. Die zu Beginn beschriebene Gefahr des Lesens abgefangener Nachrichten kann durch Verschlüsselung verhindert werden. Die anderen drei Gefahren der

---

[1] vgl. [KlSch] S. 12 Was ist Kryptografie? Die lange Antwort

Manipulation der Nachricht, Fälschung des Absenders und fehlenden Verbindlichkeit können durch Signaturen auf ein Minimum reduziert werden.

Das Gegenteil der Kryptografie ist die Kryptoanalyse. Sie beschäftigt sich damit, wie verschlüsselte Daten gebrochen, also unbefugt entschlüsselt werden können. Die Kryptoanalyse wird nicht ausschließlich zum Ausspionieren verschlüsselter Daten betrieben. Ihr Ziel ist vielmehr die Sicherheit bzw. Unsicherheit von kryptografischen Verfahren zu ermitteln. Allgemein werden Kryptografie und Kryptoanalyse unter dem Oberbegriff Kryptologie zusammengefasst. Welcher Verfahren sich die beiden Disziplinen der Kryptologie bedienen, erläutern die folgenden Kapitel.

2.2 Symmetrische Verschlüsselung

Ein Verschlüsselungsverfahren ist ein mathematischer Algorithmus, welcher einen Klartext in einen Chiffretext umwandelt. Um nicht für jeden Kommunikationspartner ein anderes Verschlüsselungsverfahren anwenden zu müssen, werden in der Praxis nur Verfahren eingesetzt, in die eine Geheiminformation (ein Schlüssel) einfließt. Der Schlüssel kann ein Passwort, eine Geheimnummer oder eine Bitfolge sein. Der gleiche Schlüssel wird auch zum Entschlüsseln der Nachricht eingesetzt. Aus diesem Grund wird diese Art Verschlüsselungsverfahren symmetrisch genannt, oder auf den geheimen Schlüssel bezogen, Secret-Key-Verfahren [DFN]. Das Ablaufschema einer Datenübertragung mit symmetrischer Verschlüsselung lässt sich, wie in Abbildung 1 dargestellt, beschreiben.

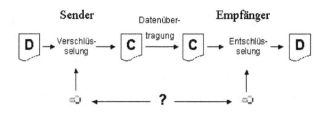

Abbildung 1: Symmetrisch verschlüsselte Datenübertragung

Der Sender verschlüsselt das Dokument (D) unter Einbeziehung eines geheimen Schlüssels. Den daraus entstandenen Chiffretext (C) überträgt der Sender an den Empfänger. Dieser entschlüsselt den Chiffretext mit dem gleichen Schlüssel, welchen der Sender zum Verschlüsseln verwendet hat, und erhält das Dokument mit dem Klartext zurück. Der Schlüssel muss zuvor zwischen den Kommunikationspartnern über einen „sicheren Kanal" ausgetauscht werden.

Der Vorteil der symmetrischen Verschlüsselung unter Einbeziehung eines Schlüssels besteht darin, dass das Verfahren nicht geheim gehalten werden muss. Es kann ausführlich auf seine Sicherheit hin überprüft werden und steht der Allgemeinheit zur Verfügung. Der fundamentale Nachteil aller symmetrischen Verschlüsselungsverfahren besteht in der Schwierigkeit, den geheimen Schlüssel zwischen den Kommunikationspartnern sicher austauschen zu müssen. Mit steigender Anzahl der Kommunikationspartner verschärft sich das Schlüsselaustauschproblem, da für jeden Schlüsselaustausch ein sicherer Weg gefunden werden muss. Die Lösung dieses Problems wird in den Kapiteln 2.3 und 2.4 beschrieben.

2.2.1 Moderne symmetrische Verschlüsselungsverfahren

Die Entwicklung der Computertechnologie hat in den letzten Jahrzehnten Verschlüsselungsverfahren hervor gebracht, welche Angreifern wenig Chancen bieten diese zu brechen. Zwei dieser Verfahren, der Data Encryption Standard (DES) und der International Data Encryption Standard (IDEA) werden im Folgenden vorgestellt.

In den 70er Jahren wurde der DES, das wohl bekannteste symmetrische Verschlüsselungsverfahren, von IBM entwickelt und 1977 vom National Technical Information Service (NTIS) in den USA im Federal Information Processing Standard (FIPS) 46 standardisiert. Dieser Verschlüsselungsstandard bedient sich der Bit-Substitution, Permutations- und Rekombinationsfunktionen sowie eines 64 Bit Schlüssels. Ein Klartext in Bit-Darstellung wird in 64-Bit-Blöcke unterteilt. Wie in Abbildung 2 dargestellt, durchläuft jeder Block zu Beginn des Verschlüsselungsalgorithmus eine Permutation P. Dabei wird jedes Bit innerhalb des Blockes, nach einem festen Algorithmus, mit einem anderen Bit vertauscht. Der Block wird anschließend in eine linke und eine rechte Hälfte geteilt. Auf die linke Hälfte des Blockes findet eine Funktion F Anwendung, deren Ergebnis mit der rechten Hälfte exklusiv-oder-verknüpft wird. Das Ergebnis dieser Verknüpfung stellt beim nächsten Durchlauf die neue linke Hälfte und die alte linke Hälfte die neue rechte Hälfte des Blockes dar. Dieser Algorithmus wird 16-mal auf jeden 64-Bit-Block des Klartextes angewendet. Abschließend wird der Block nochmals permutiert.

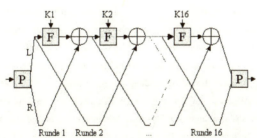

Abbildung 2: Funktionsprinzip des DES (nach [KlSch])

In die Funktion F fließt jeweils ein Teil des Schlüssels ein. Nach einer Permutation wird der Eingabewert, die linke Hälfte des 64-Bit-Blockes, mit dem Teilschlüssel exklusiv-oder-verknüpft und anschließend in noch kleinere Blöcke unterteilt. Diese Teilblöcke werden in sogenannten S-Boxen (Substitutions-Boxen) über Tabellenzuordnungen durch andere Teilblöcke substituiert. In den Tabellen ist jedem möglichen Eingabe-Bitmuster (Teilblock) ein Ausgabe-Bitmuster zugeordnet. Das Ergebnis der Funktion F resultiert aus der Zusammensetzung der Teilblöcke und einer weiteren Permutation.

Eine Besonderheit des DES ist vermutlich dem Einfluss der National Security Agency (NSA) zuzuschreiben. Die Schlüssellänge des DES ist auf 64 Bit begrenzt. Davon dienen 8 Bit für Paritätsberechnungen, also lediglich 56 Bit der Verschlüsselung. Von den Entwicklern der Firma IBM war ursprünglich ein längerer Schlüssel vorgesehen. Welche Konsequenzen diese künstliche Abschwächung des Verschlüsselungsstandards hat, wird im Kapitel 2.2.2 beschrieben. Auf Grund des kurzen Schlüssels, findet der DES in der Praxis keine Anwendung mehr. Als sein Nachfolger wird der IDEA benannt.

Der IDEA arbeitet ähnlich wie der DES, jedoch mit einer Schlüssellänge von 128 Bit. Seine Popularität liegt wohl darin begründet, dass dieses Verfahren in den Krypto-Programmen von PGP (Pretty Good Privacy) eingesetzt wird. Ein weiterer Vorteil des IDEA gegenüber dem DES besteht in seiner hohen Verschlüsselungsgeschwindigkeit. Der IDEA in Software Implementierungen verschlüsselt annähernd doppelt so schnell wie der DES. Entwickelt wurde der Standard von der Schweizer Firma Ascom, welche im europäischen Raum das Patent an diesem Verschlüsselungsstandard hält.

2.2.2 Sicherheit symmetrischer Verschlüsselungsverfahren

Die Funktionsweise von Verschlüsselungsverfahren, welche in der Praxis Akzeptanz und Anwendung finden wollen, muss offengelegt werden. Erst nach jahrelangen erfolglosen Angriffsversuchen kann von einem Verschlüsselungsverfahren behauptet werden, dass es sicher ist. Im vorangegangenen Kapitel wurde angedeutet, dass die Schlüssellänge eines symmetrischen Verschlüsselungsverfahrens mit dem Grad seiner Sicherheit einhergeht. Diese Tatsache begründet sich durch folgende Logik. Um so länger der Schlüssel ist, desto mehr Schlüssel existieren, desto schwieriger ist es den richtigen Schlüssel zu ermitteln.

Der DES bietet mit einer Schlüssellänge von real 56 Bit einen Schlüsselraum von 2^{56} (ca. 70 Milliarden) Schlüsseln. Im Jahr 1999 ist es gelungen, den passenden Schlüssel innerhalb von 22 Stunden zu ermitteln. Das angewandte kryptoanalytische Verfahren war die sogenannte Brute-Force-Methode, welche alle Schlüssel durchprobiert, bis der passende gefunden wird. Um diese Angriffsmethode chancenlos werden zu lassen, muss der Schlüsselraum so groß gewählt sein, dass der zeitliche und/oder technische Aufwand für die Anwendung der Brute-Force-Methode die Möglichkeiten der Angreifer übersteigt. Allgemein gilt, der Aufwand der Schlüsselermittlung verdoppelt sich beim Einsatz eines sicheren Verschlüsselungsverfahrens unter Anwendung der Brute-Force-Methode mit jedem Bit Schlüssellänge.[2] Die untenstehende Tabelle 1 stellt die aufzuwendende Zeit den Schlüssellängen, unter den heute gegebenen technischen Bedingungen, gegenüber. Zum Vergleich, das Alter des Universums wird auf etwa 1010 Jahre geschätzt.

---

[2] vgl. [KlSch] S. 80 Die ideale Schlüssellänge symmetrischer Verfahren

Tabelle 1: Aufwand der Brute-Force-Methode (nach [KlSch])

Schlüssellänge	Aufwand
56 Bit	1 Sekunde
64 Bit	4 Minuten
80 Bit	194 Tage
112 Bit	109 Jahre
128 Bit	10^{14} Jahre
192 Bit	10^{33} Jahre
256 Bit	10^{52} Jahre

Neben der sehr aufwendigen Brute-Force-Methode existieren verschiedene andere Verfahren, um symmetrische Verschlüsselungen anzugreifen. Je nach Verschlüsselungsverfahren eignet sich eine andere Art von Angriff. Verschlüsselungsverfahren, welche ausschließlich auf Substitutionsfunktionen beruhen, sind beispielsweise besonders anfällig für die Häufigkeitsanalyse. Bei allen Sprachen verteilt sich die Anzahl der einzelnen Buchstaben eines Textes unregelmäßig. Die Häufigkeit einzelner Buchstaben ist in allen Texten nahezu gleich. In der deutschen Sprache hat der Buchstabe E einen Anteil von über 17 %, gefolgt vom N mit 10 % und dem R mit 7 %. Über eine Häufigkeitsanalyse kann vergleichsweise einfach ermittelt werden, welcher Buchstabe durch welchen ersetzt wurde. Ergibt sich im Chiffretext zum Beispiel für den Buchstaben P einen Häufigkeit von annähernd 17 %, wurde das E höchstwahrscheinlich durch P ersetzt. Angriffe auf Permutationschiffren, bei denen die Zeichen des Klartextes nach einem bestimmten Algorithmus vertauscht werden, lassen sich mit der heutigen Rechentechnik durch einfaches Ausprobieren sehr schnell brechen. Erst die Kombination verschiedener Verschlüsselungsfunktionen und die Einbeziehung eines geheimen Schlüssels machen symmetrische Verschlüsselungen sicher.

Beim aktuellen Stand der Technik wird eine Schlüssellänge von 128 Bit als sicher betrachtet, vorausgesetzt es findet ein ausreichend sicheres Verschlüsselungsverfahren Anwendung. 254 Bit lange Schlüssel finden vereinzelt Anwendung. Der erhöhte zeitliche Aufwand bei der Verschlüsselung und Entschlüsselung der Daten wird jedoch nicht durch den Sicherheitsgewinn gerechtfertigt.

2.3 Asymmetrische Verschlüsselung

Symmetrische Verschlüsselungsverfahren haben, wie in Kapitel 2.2 beschrieben, ein fundamentales Problem, den Schlüsselaustausch. Der geheime Schlüssel, welcher zum Ver- und Entschlüsseln verwendet wird, muss beiden Kommunikationspartnern zugänglich sein. Sinnvoll wäre es, wenn ein geheimer Schlüssel nicht ausgetauscht werden müsste. Die Gefahr des Verlustes oder des Ausspionierens beim Austausch des geheimen Schlüssels zwischen den Kommunikationspartnern würde dann erst gar nicht entstehen. An diesem Punkt setzen die asymmetrische Verschlüsselungsverfahren, auch Public-Key-Verfahren genannt, an.

Asymmetrische Verschlüsselungsverfahren verwenden zum Ver- und Entschlüsseln von Daten immer zwei Schlüssel. Der eine Schlüssel wird öffentlich bekannt gemacht (Public Key) und dient zur Verschlüsselung der Daten. Der zweite Schlüssel (Private Key) wird geheim gehalten und dient zur Entschlüsselung der verschlüsselten Daten. Beide Schlüssel sind mathematisch voneinander abhängig und werden in der Regel einer Person zugeordnet. Um die zu versendenden Daten zu verschlüsseln, muss dem Sender der öffentliche Schlüssel des Empfängers zugänglich sein. Der Sender verschlüsselt die Daten mit dem öffentlichen Schlüssel des Empfängers und übermittelt an ihn die verschlüsselten Daten. Unter Verwendung seines privaten Schlüssels kann der Empfänger die verschlüsselten Daten entschlüsseln. Abbildung 3 stellt den Ablauf der verschlüsselten Datenübertragung dar. $Ö_E$ und P_E symbolisieren den öffentlichen bzw. privaten Schlüssel des Empfängers.

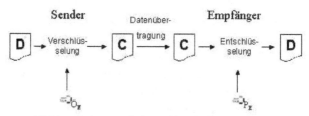

Abbildung 3: Asymmetrisch verschlüsselte Datenübertragung

Für eine wechselseitige Verschlüsselung müssen zwei Schlüsselpaare vorhanden sein. Verglichen mit symmetrischen Verschlüsselungsverfahren müssen nicht nur ein Schlüssel, sondern sogar zwei Schlüssel für eine wechselseitige verschlüsselte Kommunikation ausgetauscht werden. Der Vorteil dieses Verfahrens liegt darin begründet, dass die auszutauschenden Schlüssel nicht geheim sind und keinen „sicheren Kanal" für den Austausch beanspruchen. Der gleiche Kommunikationskanal, welcher für den Austausch der verschlüsselten Daten verwendet wird, kann für den Austausch der öffentlichen Schlüssel genutzt werden.

Eine weiteres Ziel der Kryptografie kann durch asymmetrische Verschlüsselungsverfahren erreicht werden. Es besteht die Möglichkeit, die zu übertragenen Daten zu signieren. Dies schafft, wie in Kapitel 2 beschrieben, Authentizität, Verbindlichkeit und Schutz vor Manipulation. Dazu wird das asymmetrische Verschlüsselungsverfahren genau umgekehrt angewandt. Die Daten werden vor der Verschlüsselung mit dem privaten Schlüssel des Senders „entschlüsselt". Die daraus entstandene Signatur wird an die zu verschlüsselnden Daten angehängt und nach deren Verschlüsselung mit an den Empfänger übertragen. Dieser entschlüsselt die Daten wie oben beschrieben und „verschlüsselt" mit dem öffentlichen Schlüssel des Senders die Signatur. Sind das Ergebnis der Signaturprüfung und die Daten im Klartext identisch, wurde die Nachricht unverändert empfangen. Die Kenntnis vom öffentlichen Schlüssel des Senders beweist die Authentizität und Verbindlichkeit der Nachricht. In der Abbildung 4 wird das Signieren ohne den Verschlüsselungsvorgang dargestellt. $Ö_S$ und P_S stehen für den öffentlichen bzw. privaten Schlüssel des Senders.

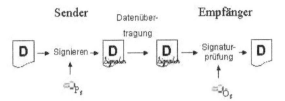

Abbildung 4: Datenübertragung mit digitaler Signatur

2.3.1 Mathematische Grundlagen asymmetrischer Verschlüsselungsverfahren

Der öffentliche und der private Schlüssel sind mathematisch auf eine Art und Weise voneinander abhängig, durch die vom öffentlichen Schlüssel nicht auf den privaten Schlüssel geschlossen werden kann. Wie diese Abhängigkeit realisiert wird, soll in diesem Kapitel behandelt werden.

In mathematischer Schreibweise verläuft eine asymmetrische Verschlüsselung wie folgt [KlSch]. Der Sender nutzt die Funktion e und den öffentlichen Schlüssel a des Empfängers, um aus einem Klartext m einen Chiffretext c zu erstellen.

$$c = e(a, m)$$

Der Empfänger wendet auf den Chiffretext die Funktion d zusammen mit seinem privaten Schlüssel x an und erhält den Klartext.

$$m = d(x, c)$$

Die Schwierigkeit besteht darin, geeignete Funktionen e und d zu finden. Das Modulo-Rechnen bietet die benötigten Funktionen.

Modulo-Rechnen ist das Rechnen innerhalb eines begrenzten Bereiches der natürlichen Zahlen (einschließlich 0). Dabei wird ein Ergebnis z einer Additions-, Subtraktions-, Multiplikations-, Divisions-, Exponential- oder Wurzelfunktion Modulo n berechnet. Die Modulo-Funktion liefert den ganzzahligen Rest der Division der Zahlen z durch n. Der Wert n-1 stellt den höchsten Wert des definierten Zahlenbereiches dar. Das folgende Beispiel verdeutlicht anhand der Modulo-Addition die Funktionsweise des Modulo-Rechnens:

$$6 + 3 = 2 \ (\text{mod } 7) \qquad \rightarrow \qquad (6+3) \ \text{mod } 7 = 9 \ \text{mod } 7 = 2$$
$$4 + 2 = 6 \ (\text{mod } 7) \qquad \rightarrow \qquad (4+2) \ \text{mod } 7 = 6 \ \text{mod } 7 = 6$$
$$8 + 1 = 0 \ (\text{mod } 9) \qquad \rightarrow \qquad (8+1) \ \text{mod } 9 = 9 \ \text{mod } 9 = 0$$

Für die Kryptografie bedeutende Modulo-Funktionen sind die Modulo-Division und die Modulo-Wurzel. Bei der Modulo-Division wird das inverse Element a^{-1} einer Zahl a mit einer Zahl b modulo n multipliziert. Ergibt $a \cdot a^{-1} (\text{mod } n) = 1$, dann ist a^{-1} inverses Element von a. Es existiert jedoch nur dann ein inverses Element a^{-1}, wenn a und n teilerfremd sind, also außer 1 keinen gemeinsamen Teiler haben. Da $b \cdot a^{-1} (\text{mod } n) \equiv b / a \ (\text{mod } n)$ spricht man hier von Modulo-Division.

Beispiele inverses Element:

$$5^{-1} \ (\text{mod } 9) \text{ existiert, } 5^{-1} = 2, \text{ da } 5 \cdot 2 = 1 \ (\text{mod } 9)$$

2^{-1} (mod 5) existiert, 2^{-1} = 3, da $2 \cdot 3 = 1$ (mod 5)

4^{-1} (mod 10) existiert nicht, da 4 und 10 nicht teilerfremd sind. 2 teilt beide Zahlen. Die zweite kryptografisch bedeutungsvolle Funktion ist die Modulo-Wurzel. Sie ist eine Umkehrung der Modulo-Exponentiation. Zu den Zahlen a, b und n wird eine Zahl x gesucht, für die gilt $x^a = b$ (mod n). Das heißt, x ist die a-te Wurzel von b (mod n). Um angeben zu können wann eine Modulo-Wurzel existiert, wird die Euler'sche φ-Funktion benötigt, welche angibt, wie viele natürliche Zahlen, die größer als 0 und kleiner als n sind, zu n teilerfremd sind. Es existiert ein x, wenn a und $\varphi(n)$ teilerfremd sind. Eine Besonderheit, die für asymmetrische Verschlüsselungsverfahren von Bedeutung ist, tritt bei Primzahlen auf. Die Anzahl der teilerfremden Zahlen bei einer Primzahl n ist gleich n-1 ($\varphi(n)$ = n-1). Ist n das Produkt zweier Primzahlen p und q, so gilt $\varphi(n)$ = (p-1)(q-1). Die Bedeutung der beschriebenen Modulo-Rechenarten erschließt sich aus deren einfache Berechenbarkeit. Die Umkehrung jedoch ist recht aufwendig. Funktionen, welche einfach deren Umkehrung aber schwer zu berechnen sind, nennt man Einwegfunktionen. Haben die komplizierten Umkehrungen eine „versteckte Abkürzung", welche als Schlüssel verwendet wird, so nennt man diese Funktionen Falltürfunktionen. Diese Eigenschaften nutzt die Kryptografie aus, um leistungsfähige und sichere Verschlüsselungsverfahren zu entwickeln.

2.3.2 Asymmetrische Verschlüsselungsverfahren

Der kleine Ausschnitt aus den mathematischen Grundlagen für asymmetrische Verschlüsselungsverfahren ist die Voraussetzung für das Verständnis des RSA Verschlüsselungsverfahrens.

Dieser Algorithmus ist das mit Abstand wichtigste und bekannteste Verfahren, welches für die Umsetzung asymmetrischer Verschlüsselungstechniken eingesetzt wird. Im Jahr 1978 entwickelt und 1983 in den USA patentiert, trägt der Algorithmus den Namen seiner Entwickler Ron Rivest, Adi Shamir und Leonard Adleman. Standardisiert wurde das Verfahren 1993 von der Firma RSA Data Security im Public-Key Cryptography Standard #1 (PKCS). Die PKCS beschäftigen sich mit der Anwendung von asymmetrischen Verschlüsselungstechniken. RSA ist nicht nur für die Verschlüsselung geeignet, sondern auch für die Erstellung von Signaturen. Das Verfahren beruht auf der Primfaktorzerlegung sehr großer Zahlen [T-LAN]. Das folgende Beispiel verdeutlicht die Funktionsweise des RSA. Der Empfänger wählt zwei zufällige Primzahlen p und q und berechnet daraus n = $p \cdot q$.

$$p = 7, q = 5, n = p \cdot q = 35$$

Danach wählt er eine zufällige natürliche Zahl e, die teilerfremd zu $\varphi(n)$ ist.

$$\varphi(n) = (p-1)(q-1) = 24, e = 17, 24 \text{ ist teilerfremd zu } 17 \rightarrow 17 \text{ ist Prim}$$

Die Zahlen e und n bilden zusammen den öffentlichen Schlüssel des Empfängers. Der private Schlüssel d des Empfängers errechnet sich aus d = e^{-1}(mod $\varphi(n)$).

$$d = e^{-1}(\text{mod } \varphi(n)) = 17, \text{ da } d \cdot e = 1 \text{ (mod 24)}, 17 \cdot 17 = 1 \text{ (mod 24)}$$

Mit dem öffentlichen Schlüssel verschlüsselt der Sender die Nachricht m, indem er c = m^e (mod n) berechnet und erhält den Chiffretext c, welchen er an den Empfänger übertragen kann.

Berliner Volksbank eG | Berufsakademie Berlin

$$m = 10, c = m^e \pmod{n} = 10^{17} \pmod{35} = 5$$

Der Empfänger entschlüsselt den Chiffretext durch die Berechnung m $= c^d \pmod{n}$.

$$m = c^d \pmod{n} = 5^{17} \pmod{35} = 10$$

Für die verschlüsselte Beantwortung der Nachricht muss dieser Algorithmus mit vertauschten Rollen erneut durchlaufen werden. Die in dem Beispiel verwendeten Zahlen sind „schlechte" Zahlen, da ein Teil des öffentlichen Schlüssels gleich dem privaten Schlüssel ist (e = d) und der verwendete Schlüsselraum zu klein ist. Welche Parameter für eine sichere Verschlüsselung mit dem RSA gewählt werden müssen, behandelt das Kapitel 2.3.3.

Ein weiterer Vertreter asymmetrischer Verschlüsselungsverfahren ist der Diffie-Hellman-Schlüsselaustausch. Im PKCS#3 standardisiert, beruht er auf dem bis heute ungelösten mathematischen Problem des diskreten Logarithmus [PKCS#3]. Der diskrete Logarithmus ist die zweite Umkehrfunktion für Exponentialfunktionen der Art $a^b \pmod{n}$ und ist für Zahlen mit mehreren hundert Bits trotz moderner Rechentechnik, extrem schwer zu berechnen. Das Diffie-Hellman-Verfahren besticht durch seine Einfachheit und ist besonders für den Schlüsselaustausch geeignet. Signaturen können nen mit diesem Verfahren jedoch nicht erstellt werden. Neben den beiden vorgestellten Verfahren existieren noch kryptografische Verfahren auf Basis elliptischer Kurven, welche wegen ihrer Komplexität bei asymmetrischen Verschlüsselungstechniken zur Zeit noch wenig Anwendung finden. Andere asymmetrische Verschlüsselungsverfahren, welche entwickelt wurden, spielen in der Praxis keine Rolle, da die meisten gebrochen wurden oder andere schwerwiegende Nachteile aufweisen.

2.3.3 Sicherheit asymmetrischer Verschlüsselungsverfahren

Das oben gezeigte Beispiel dient der Veranschaulichung des RSA Verschlüsselungsverfahrens. Die Ermittlung der in dem Beispiel verwendeten Werte für p und q stellen für einen Kryptoanalytiker keine Schwierigkeit dar. In der Praxis sind die Primzahlen p und q möglichst groß zu wählen. Als sicher gelten Primzahlen mit mehr als 200 Dezimalstellen und einem Unterschied von mehreren Dezimalstellen zwischen p und q [T-LAN]. Die variable Schlüssellänge der RSA Verschlüsselung ermöglicht die entsprechende Auswahl. Die Schlüssellänge muss im Vergleich zu den symmetrischen Verschlüsselungsverfahren bei allen asymmetrischen Verschlüsselungsverfahren deutlich größer gewählt werden. Dies ist begründet durch die geringere Anzahl von Primzahlen in einem Zahlenraum, verglichen mit der Anzahl der sonstigen Zahlen, sowie durch die Gefahr, welche von der Faktorisierungsattacke ausgeht. Dabei versucht der Angreifer, die Zahlen p und q durch die Faktorisierung von n zu ermitteln, um sich in die Lage zu versetzen den privaten Schlüssel zu ermitteln. Da die Berechnung von n aus p und q eine Einwegfunktion ist, wäre die Faktorisierungsattacke eine Umkehrung dieser. Heute bekannte Methoden zur Faktorisierung gelten als nicht leistungsfähig genug, um mit realistischem zeitlichen und technischen Aufwand die Werte p und q zu ermitteln. Die beste bekannte Faktorisierungsmethode ist in der Lage, 129 Bit lange natürliche Zahlen zu faktorisieren.[3] Als sicher gilt heute eine Schlüssellänge von 1024 Bit. Die Brute-Force-Methode ist bei 1024 Bit Schlüssellänge noch aussichtsloser.

Bereits bei 256 Bit Schlüssellänge müsste der Angreifer im Durchschnitt die Hälfte ($2^{255} \approx 10^{76}$) aller möglichen Schlüssel durchprobieren, um den passenden zu ermitteln. Ähnlich wie bei der symmetrischen Verschlüsselung steht diesem Vorhaben die kurze Lebensdauer des Menschen gegenüber.

Einen weiteren Angriffspunkt bietet die Zahl e. Für e werden in vielen RSA Implementierungen die Zahlen 3 oder 17 verwendet, da diese in der Binärdarstellung nur wenige Einsen aufweisen und dadurch schnelle Exponentiationen ermöglichen. Eine Low-Exponent-Attacke ist möglich, wenn e Nachrichten mit gleichem Inhalt an e Empfänger gesendet werden und alle Nachrichten mit dem gleichen e-Wert verschlüsselt wurden. Wenn der Vergleich aller Chiffretexte ergibt, dass diese gleich sind, kann davon ausgegangen werden, dass ein kleines e verwendet wird. Das Problem besteht darin, dass für die Berechnung des Chiffretextes c gilt: $m^e (\bmod\ n) \equiv m^e$, wenn $m^e < n$.[4] Zum Entschlüsseln muss der Angreifer nur die e-te Wurzel aus c ziehen, um den Klartext zu erhalten. Die Wahl eines größeren Wertes für e (z.B.: 65537) und das Verändern der Nachricht durch Hinzufügen zufälliger Bits verhindern eine erfolgreiche Low-Exponent-Attacke.

2.4 Hybridverfahren

Die Vor- und Nachteile symmetrischer und asymmetrischer Verschlüsselungsverfahren wurden in den vorangegangenen Kapiteln an geeigneter Stelle aufgeführt. In zusammengefasster Form zeigt Tabelle 2 eine Gegenüberstellung wichtiger Eigenschaften beider Verfahren.

Tabelle 2: Vergleich symmetrischer und asymmetrischer Verschlüsselungsverfahren

	Symmetrische Verschlüsselung	Asymmetrische Verschlüsselung
Vorteile	- hohe Ver- u. Entschlüsselungsgeschwindigkeit - kurze Schlüssel	- sicherer Schlüsselaustausch - Erstellung von Signaturen ist möglich
Nachteile	- Schlüsselaustauschproblem - Erstellung von Signaturen nicht möglich	- geringe Ver- u. Entschlüsselungsgeschwindigkeit - sehr lange Schlüssel - bei schlechter Implementierung leicht angreifbar

Bei der Betrachtung der Tabelle 2 fällt auf, die Vorteile des einen Verfahrens sind jeweils die Nachteile des anderen Verfahrens. Als logische Konsequenz ist die Kombination beider Verfahren anzustreben. Aus dieser Logik heraus entstanden die Hybridverfahren, welche sich die kurze Schlüssellänge mit der daraus resultierende hohen Ver- und Entschlüsselungsgeschwindigkeit symmetrischer Verfahren genauso zu eigen machen, wie die Lösung des Schlüsselaustauschproblems und die Möglichkeit der Signatur, durch die Anwendung asymmetrischer Verschlüsselungsverfahren.

Ein Beispiel für die Umsetzung eines Hybridverfahrens ist das Secure Socket Layer Protocol (SSL). Dieses Protokoll wurde von der Firma Netscape für die verschlüsselte Kommunikation in Computer-

---

[3] nach [SchMey] S. 7, Sicherheit des RSA und Angriffe auf den RSA
[4] vgl. [SchMey] S.16ff, Low-Encryption-Attacke (Chinesischer Restsatz)

netzwerken entworfen [Netscape]. Bei allen Hybridverfahren wird ein Schlüssel für ein symmetrisches Verschlüsselungsverfahren (DES, RC4, ...), der Session Key, erzeugt. Mit diesem Schlüssel werden die zu übertragenden Daten symmetrisch verschlüsselt. Der Session Key selbst wird unter Verwendung eines asymmetrischen Verschlüsselungsverfahrens (RSA, Diffie-Hellman) verschlüsselt und zu Beginn der Kommunikation zwischen den Kommunikationspartner ausgetauscht [DmBen]. So ist der Einsatz des asymmetrischen Verschlüsselungsverfahrens auf die Initialisierung der Kommunikation begrenzt. Der Geschwindigkeitsvorteil symmetrischer Verschlüsselungsverfahren kann während der weiteren Kommunikation ausgenutzt werden.

2.5 Digitale Signatur

Im Sinne des deutschen Signaturgesetzes „ ... sind „elektronische Signaturen" Daten in elektronischer Form, die anderen elektronischen Daten beigefügt oder logisch mit ihnen verknüpft sind ... ".[5] Die untrennbare Verknüpfung der elektronischen (digitalen) Signatur mit dem Klartext sorgt dafür, dass die Signatur fälschungssicher ist und als digitale Unterschrift verwendet werden kann. Jedoch hat die Erstellung der Signatur durch Verschlüsselung des gesamten Klartextes mit dem privaten Schlüssel des Senders einen gravierenden Nachteil. Die Signatur wäre genauso lang wie der Klartext. Aus diesem Grund wird beim Signieren in der Regel ein Hashwert (auch digitaler Fingerabdruck oder Message digest genannt) aus den zu signierenden Daten gebildet und nur dieser signiert. Eine Hashfunktion bildet eine (beliebig) große Menge von Zeichen auf eine bestimmte bedeutend kleinere Menge Zeichen (Hashwert) ab [KlSch]. Der Empfänger entschlüsselt die Signatur mit dem öffentlichen Schlüssel des Senders und bildet ebenfalls einen Hashwert aus den entschlüsselten Daten, unter Anwendung der gleichen Hashfunktion wie der Sender. Die Überprüfung der Gleichheit beider Hashwerte dient der Erkennung von Manipulation und Überprüfung der Authentizität der Nachricht. Die Menge der zu übertragenen Daten wird durch das Signieren eines Hashwertes stark reduziert, ohne an Sicherheit einzubüßen.

Eine einfache Hashfunktion ist die Quersumme Modulo 10. Dazu werden die Stellen einer Zahl addiert und der ganzzahlige Rest der Division durch 10 ermittelt (Beispiel: Quersumme von 8425 ist 19, 19 mod 10 = 9). Die ganzzahlige Eingabemenge ist beliebig groß und die Ergebnismenge begrenzt auf den Zahlenbereich 0 bis 9. Für die Kryptografie ist die Anwendung dieses Beispiels einer Hashfunktion ungeeignet, da sehr viele Zahlen die gleiche Quersumme Modulo 10 aufweisen. Das Auftreten gleicher Ergebnisse bei Hashfunktionen nennt man Kollision. Bei kryptografischen Hashfunktionen dürfen Kollisionen nur äußerst selten auftreten, da sonst ein Angreifer die Möglichkeit hat, eine Nachricht so zu verändern oder gar neu zu erstellen, dass sich ein gleichbleibender Hashwert ergibt. Um dies zu verhindern, sollte eine für kryptografische Zwecke geeignete Hashfunktion auch geringfügige Veränderungen der Nachricht durch eine Veränderung des Hashwertes anzeigen. Eine Manipulation der Nachricht wäre sonst nicht erkennbar. Der Hashwert darf weiterhin keine Möglich-

---

[5] §2 Satz 1 [SigG]

keit bieten, Rückschlüsse auf den Inhalt der Nachricht zu ziehen. Dies impliziert, auch die kryptografischen Hashfunktionen müssen Einwegfunktionen sein. Bekannte Vertreter kryptografischer Hashfunktionen sind der Secure Hash Algorithm 1 (SHA-1), Message Digest 4 und 5 (MD4, MD5), sowie der Digital Signature Algorithm (DSA).

Eine weitere Form der kryptografischen Hashfunktionen sind schlüsselabhängige Funktionen. Anwendung finden diese Hashfunktionen, wenn eine Nachricht unverschlüsselt versendet werden kann. Da die angewandte Hashfunktion dem Empfänger mitgeteilt werden muss, ist sie auch dem Angreifer bekannt. Um zu verhindern, dass ein Angreifer den Hashwert einer veränderten Nachricht mit der ihm bekannten Hashfunktion erstellt und mit der veränderten Nachricht weitersendet, muss ein Schlüssel bei der Erstellung des Hashwertes in die Hashfunktion eingehen. Einige der genannten Hashfunktionen lassen sich auch als schlüsselabhängige Hashfunktionen verwenden.

3 Public-Key-Infrastrukturen

Die beschriebenen kryptografischen Verfahren bieten die Möglichkeit, die in Kapitel 2.1 genannten Ziele der Kryptografie zu erreichen. Der Einsatz dieser Verfahren wirft jedoch einige organisatorische Fragen auf. Wie wird die Authentizität der öffentlichen Schüssel, also die Zuordnung eines Schlüssels zu einer Person sicher gestellt? Wie können solche Schlüssel gesperrt werden? Wie verbindlich sind digitale Signaturen? Wie kann eine Policy (Regeln für den Einsatz von Kryptografie) durchgesetzt werden?

Ohne den Einsatz von Infrastrukturen ist die Klärung dieser Fragen nicht möglich. Eine wichtige Rolle spielen dabei Vertrauensbeziehungen. Diese lassen sich durch folgende Vertrauensmodelle darstellen.

3.1 Vertrauensmodelle

Das erste Vertrauensmodell wurde indirekt in den vorangegangenen Kapiteln beschrieben. Beide Kommunikationspartner tauschen für eine sichere Kommunikation öffentliche Schlüssel miteinander aus. Der Austausch und die Authentifizierung der Schlüssel erfolgt direkt durch gegenseitigen Kontakt zum Beispiel in Form eines Telefonats, persönlichen Treffens oder Einschreibens per Post. Die Kommunikationspartner genießen beiderseitiges Vertrauen, weshalb dieses Vertrauensmodell Direct Trust genannt wird. Das Modell ist sehr einfach und mit wenig Aufwand zu realisieren, beantwortet jedoch nur die erste der vier organisatorischen Fragen. Die Sperrung des Schlüssels ist sehr aufwendig und, wie auch eine Policy, kaum durchsetzbar. Verbindlichkeit besteht nicht, da der Kommunikationspartner jederzeit abstreiten kann, dass es sich bei seinem Schlüssel auch um seinen Schlüssel handelt. Digitale Unterschriften sind damit wertlos.

Das zweite Modell ist eine Erweiterung des Direct Trust. Vertraut der Sender einem Kommunikationspartner per Direct Trust, so kann dieser Kommunikationspartner die Schlüssel seiner vertrauenswürdigen Kommunikationspartner signieren und an den Sender übermitteln. Der Sender verfügt dann wieder über vertrauenswürdige Schlüssel weiterer Empfänger. Diese Vertrauensbeziehungen lassen sich fortsetzen, wodurch sich Vertrauensketten bilden, die sich zu Vertrauensnetzen verbinden lassen. Um die Vertrauenswürdigkeit zu erhöhen, wird nicht nur der Schlüssel signiert, sondern eine Datenstruktur, welche weitere Informationen über den Inhaber des Schlüssels und den Schlüssel selbst enthält. Eine solche signierte Datenstruktur nennt man digitales Zertifikat. Der Ersteller eines digitalen Zertifikats heißt Zertifizierer. Die Verbindlichkeit der digitalen Signatur wird bei diesem Vertrauensmodell erhöht, da Bürgen für die Authentizität des Schlüssels existieren. Der Aufwand für eine Infrastruktur hält sich in Grenzen. Sinnvoll wäre es, die öffentlichen Schlüssel auf einem Server bereitzustellen. Die Sperrung von Schlüsseln und Durchsetzung von Policys sind ähnlich schwierig wie beim Direct Trust. Die Überprüfung eines Zertifikates stellt sich bei zunehmender Anzahl an Anwendern schwierig dar, da eine immer länger werdende Kette von Zertifikaten durchsucht werden muss, um das entsprechende zu finden.

Eine unabhängige Instanz (Trusted Third Party TTP), welche die digitalen Zertifikate signiert, wäre eine Lösung der oben beschriebenen Probleme. Den Ansatz der TTP verfolgt das Vertrauensmodell Hierarchical Trust. Die unabhängige Instanz wird Certification Authority (CA) genannt. Um das signierte Zertifikat eines Kommunikationspartners verifizieren zu können, muss die CA ihren öffentlichen Schlüssel bekannt geben. Durch vorherigen direkten Kontakt (Direct Trust) wird der öffentliche Schlüssel der CA einmalig verifiziert. Alle Zertifikate, welche durch die CA signiert wurden, können nun verifiziert werden und gelten als vertrauenswürdig. Eine CA bietet die Möglichkeit der Authentifizierung und Sperrung von Schlüsseln sowie der Durchsetzung einer Policy. Weiterhin schafft sie Verbindlichkeit und erhöht so - im rechtlichen Sinne - den Wert einer digitalen Signatur. Hierarchical Trust ist das komplexeste, aber auch das leistungsfähigste Vertrauensmodell [KlSch].

Auch wenn alle drei Vertrauensmodelle in der Praxis Anwendung finden, ist von Public-Key-Infrastrukturen (PKI) meist nur im Zusammenhang mit dem Vertrauensmodell Hierarchical Trust die Rede. Welche Komponenten einer PKI zuzuordnen sind, wird in dem folgenden Kapitel beschrieben.

3.2 Komponenten einer PKI

PKIs sind in verschiedenen Standards definiert. Die wichtigsten Standards sind der Public Key Infrastructure X.509 (PKIX), entwickelt durch das IETF sowie die Industrial Signature Interoperability Specification (ISIS). ISIS ist eine Entwicklung verschiedener deutscher Trust-Center-Betreiber in Zusammenarbeit mit dem Bundesamt für Sicherheit in der Informationstechnik (BSI). Die Komponenten und Funktionsweise einer PKI sollen anhand der untenstehenden Abbildung 5 und der beispielhaften Erläuterung eines Zertifizierungsvorganges beschrieben werden.

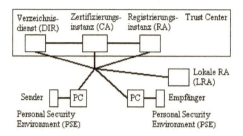

Abbildung 5: Komponenten einer PKI (nach [KlSch] S. 298, Funktionsweise einer PKI)

Der Sender und der Empfänger aus Abbildung 5 wollen verschlüsselt miteinander kommunizieren. Bevor dies möglich ist, beantragt der Empfänger bei der Registrierungsinstanz (RA) ein Zertifikat. Der Antrag kann persönlich, schriftlich oder über eine technische Schnittstelle (z.b.: Browser) gestellt werden. Der RA-Administrator generiert einen Zertifizierungsantrag, welcher im PKCS#10 spezifiziert ist und sendet diesen an die Zertifizierungsinstanz (CA) [PKCS#10]. Die CA generiert eine Schlüsselpaar und zertifiziert den öffentlichen Schlüssel. Das Zertifikat, welches den öffentlichen Schlüssel enthält, und der private Schlüssel werden an die RA übersandt. Zusätzlich wird das Zertifikat einem Verzeichnisdienst (DIR) übergeben, welcher das Zertifikat für den Abruf bereit hält. Zugriff auf den Verzeichnisdienst erhalten die verschlüsselungswilligen Sender über Protokolle wie HTTP oder LDAP. Eine weitere Aufgabe des Verzeichnisdienstes ist die Sperrung von Zertifikaten, wenn private Schlüssel kompromittiert wurden oder das Zertifikat seine Gültigkeitsdauer überschritten hat. Dazu führt der Verzeichnisdienst eine Certificate Revocation List (CRL), welche ebenfalls über die genannten Schnittstellen abrufbar ist. Der private Schlüssel des Empfängers wird in einer Personal Security Environment (PSE) gespeichert und an ihn übergeben. Die PSE kann eine Chipkarte oder verschlüsselte Datei sein, welche in den Standards PKCS#15 bzw. PKCS#12 definiert sind [PKCS#15, PKCS#12]. Nach der Installation des Zertifikates in der Endeinheit, kann der Empfänger mit seinem öffentlichen Schlüssel verschlüsselte Nachrichten empfangen und mit seinem privaten Schlüssel Nachrichten signieren. Für die auf Chipkarten basierende PSE-Variante ist ein Kartenlesegerät notwendig, welches dem PKCS#11 entspricht [PKCS#11].

Die Server-Komponenten RA, CA und DIR werden unter dem Begriff Trust Center zusammengefasst. Der Aufbau und die Struktur einer PKI kann sehr variieren. Die RA kann beispielsweise lokal bei einem Anwender organisiert sein (LRA) oder sogar entfallen. Dann werden die Anträge auf Ausstellung eines Zertifikates direkt an die CA gestellt. Die verschiedenen Instanzen können auf einem Computer parallel betrieben werden oder gemäß der Signaturverordnung des deutschen Signaturgesetzes in getrennten Räumen, gesichert durch spezielle bauliche und organisatorische Maßnahmen [SigV, SigG]. Ebenso variieren die Zertifizierungsprozeduren, Enrollment genannt. Das deutsche Signaturgesetz schreibt vor, dass eine Person persönlich bei einer RA vorstellig werden und sich ausweisen muss, um ein Zertifikat zu beantragen bzw. um dieses abzuholen. Eine Beglaubigung durch persönliches oder bevollmächtigtes Erscheinen bei der Post, um das ausgestellte Zertifikat zu empfangen, ist ebenso möglich und wird auch in dieser Form praktiziert. Die Schlüsselgenerierung kann beim Antragsteller oder durch die CA erfolgen, muss aber mit einer geeigneten Schlüsselerstellungseinheit (zum Beispiel mit dem Browser) durchgeführt werden.

Der Betrieb einer PKI in Deutschland - konform zu den Anforderungen des deutschen Signaturgesetzes - ist derart aufwendig und teuer, dass derzeit lediglich vier Betreiber von Trust Centern durch die Regulierungsbehörde für Telekommunikation und Post akkreditiert werden konnten. Die Akkreditierung bescheinigt den Betreibern alle Anforderungen des Signaturgesetzes erfüllt zu haben und gelten damit als vertrauenswürdig. Regelmäßige Überprüfungen durch die Regulierungsbehörde sollen den hohen Sicherheitsstandard der Trust Center und die Vertrauenswürdigkeit der Betreiber garantieren. Die staatliche Behörde stellt damit die oberste Instanz in der Vertrauenshierarchie dar. Prinzipiell ist niemand verpflichtet eine PKI den Anforderungen des Signaturgesetzes entsprechend zu betreiben. Um für rechtliche Sicherheit im digitalen Geschäftsverkehr zu sorgen, ist die Zusammenarbeit mit einem akkreditiertem Trust Center jedoch zu empfehlen.

3.3 Digitale Zertifikate

Digitale Zertifikate wurden in den vorangegangenen Kapiteln mehrfach erwähnt und sollen an dieser Stelle eingehender vorgestellt werden. Ein Zertifikat enthält hauptsächlich den öffentlichen Schlüssel des Zertifikat-Inhabers sowie Informationen zu diesem. Ausgestellt werden Zertifikate vom Betreiber eines Trust Centers, welcher die Authentizität des Schlüssels und die Verbindung zu dessen Besitzer bestätigt. Auch die Form von Zertifikaten wurde für die Sicherung der Interoperabilität standardisiert. Die PKI Standards PKIX und ISIS bedienen sich der X.509-Zertifikate, wobei beide Standards eigene Profile definieren. Das erste X.509-Profil wurde 1988 von der PKIX-Arbeitsgruppe des IETF im Request For Comment (RFC) 2459 beschrieben [RFC 2459]. Demnach enthält ein X.509v1-Zertifikat fest definierte Felder mit folgenden Inhalten: Versionsnummer und Seriennummer des Zertifikates, OID des Signaturverfahrens, Name der ausstellenden CA und des Zertifikatsinhabers, sowie den öffentlichen Schlüssel und die Gültigkeitsdauer des Zertifikates. Eine OID (Object Identifier) ist eine eindeutige Kennung eines Verfahrens oder eines Objektes, das im Idealfall in allen Standards dieser Welt einheitlich verwendet wird.[6] Es stellte sich sehr schnell heraus, dass diese sieben Felder nicht ausreichend waren. Die zweite Version aus dem Jahr 1993 wurde um die Felder „eindeutige Kennung des Zertifikatinhabers" und „Eindeutige Kennung der CA" erweitert. Diese Erweiterung war jedoch nicht ausreichend. Erst die 1996 veröffentlichte Version 3 behob den Mangel an Feldern. X.509v3-Zertifikate können um zusätzliche Felder erweitert werden. Eine Syntax beschreibt, wie neue Felder definiert werden können. Der Vorteil ist, dass es keine fehlenden Felder mehr gibt. Der Nachteil besteht darin, dass Inkompatibilitäten auftreten können, wenn ein Programm eine Erweiterung des Zertifikates nicht kennt. Um dem entgegen zu wirken wurden 1997 einige, mit Hilfe der Erweiterungssyn-

---

[6] OIDs wurden von der International Standard Organisation (ISO) eingeführt

tax spezifizierte, Erweiterungen standardisiert. Diese Erweiterungen sind u.a. folgende Felder: Kennung des CA-Schlüssels sowie Inhaberschlüssels, Verwendungszweck des Schlüssels, Nutzungsdauer des privaten Schlüssels, Certificate Policy und Sperrlisten-Verteilungspunkte. Eine Certificate Policy ist ein Regularium, zu deren Einhaltung sich ein Betreiber eines Trust Centers verpflichtet. Die Qualität eines Zertifikats kann so von Besitzer und Benutzer überprüft werden. Im Feld Sperrlisten-Verteilungspunkte sind Stellen eingetragen, an denen eine mögliche Sperrung des Zertifikates überprüft werden kann. Die beiden Standards PKIX und ISIS definieren jeweils zusätzliche Felder. Dadurch kann es wiederum zu Inkompatibilitäten bei X.509-Implementierungen kommen. Eine Überarbeitung von X.509 wäre sinnvoll, ist aber kaum möglich, da schon sehr viele Implementierungen existieren und eingesetzt werden.

Ein weiterer Vertreter von Zertifikaten sind die PGP-Zertifikate. Die aktuelle Version 4 weist eine völlig verschiedene Struktur auf, verglichen mit der Struktur der X.509-Zertifikate. Die beiden Arten von Zertifikaten sind inkompatibel zueinander. Auf Grund der weiten Verbreitung der PGP-Verschlüsselung, vor allem im privaten Bereich, konkurrieren PGP und X.509 miteinander. Im Geschäftsbereich wird sich wahrscheinlich, bedingt durch die Bestimmungen des Signaturgesetzes, X.509 durchsetzen.

3.4 Signaturgesetz

Der „Zweck des Gesetzes [SigG] ist es, Rahmenbedingungen für elektronische Signaturen zu schaffen".[7] In diesem Gesetz ist die Gleichstellung der elektronischen Signatur mit der händischen Unterschrift geregelt. Mit dieser Regelung verbunden ist die Sicherung der Beweiskraft elektronischer Signaturen vor Gericht. Es besteht die Möglichkeit, rechtsverbindliche Verträgen im Geschäftsverkehr elektronisch zu signieren.

Mitte der 90er Jahre kam der Wunsch nach einer eindeutigen gesetzlichen Regelung elektronischer Signaturen auf. Dieser Wunsch mündete in den Bundestagsbeschluss des Signaturgesetzes vom 01. August 1997 als Teil des Informations- und Kommunikationsdienste-Gesetzes (IuKDG). Deutschland war der erste Staat weltweit, welcher den Umgang mit elektronischen Signaturen gesetzlich regelte. 1999 trat die europäische Signaturrichtlinie in Kraft, welche den Umgang mit elektronischen Signaturen weniger streng regelt, verglichen mit dem deutschen Signaturgesetz von 1997 [SigR]. Am 16. Mai 2001 passte der deutsche Bundestag mit dem Beschluss des Signatur-Änderungsgesetzes das deutsche Recht an die europäischen Vorgaben an [SigG].

Das Signaturgesetz schreibt nicht vor, welche Form alle elektronischen Signaturen einhalten müssen. Es definiert das Prädikat signaturgesetzkonform bzw. seit 2001 qualifizierte elektronische Signatur. Da praktische Erfahrungen im Umgang mit elektronischen Signaturen, wie zum Beispiel Präzedenzfälle noch fehlen, ist es schwer, die richtige Form der elektronischen Signatur zu wählen. Aus diesem Grund sollen verschiedene, vor allem für die Berliner Volksbank bedeutende, Aspekte der

---

[7] §1 Abs. 1 [SigG] Zweck und Anwendungsbereich

elektronischen Signatur unter Beachtung des Signaturgesetzes in diesem Kapitel betrachtet werden. Diese Aspekte spielen bei der Entscheidung für ein Verschlüsselungsverfahren für E-Mails eine wichtige Rolle.

Das Signaturgesetz selbst hält sich in seinen Formulierungen sehr abstrakt. Es definiert im ersten Abschnitt u. a. die Begriffe elektronische Signatur, fortgeschrittene elektronische Signatur und qualifizierte elektronische Signatur. Die Definition der elektronischen Signatur wurde bereits im Kapitel 2.5 zitiert. „ *... fortgeschrittene elektronische Signaturen* [sind] *elektronische Signaturen nach Nummer 1, die a) ausschließlich dem Signaturschlüssel-Inhaber zugeordnet sind, b) die Identifizierung des Signaturschlüssel-Inhabers ermöglichen, ...*" „ *... qualifizierte elektronischen Signaturen* [sind] *elektronische Signaturen nach Nummer 2, die a) auf einem zum Zeitpunkt ihrer Erzeugung gültigen qualifizierten Zertifikat beruhen und b) mit einer sicheren Signaturerstellungseinheit erzeugt wurden, ...*"[8] Ein qualifiziertes Zertifikat sei laut Signaturgesetz eine elektronische Bescheinigung, welche von einem Zertifizierer (Trust Center) ausgestellt werde, der die Anforderungen nach den §§ 4, 14 und 23 [SigG] sowie der sich darauf beziehenden Vorschriften der Rechtsverordnung [SigV] nach §24 erfülle. Der im qualifizierten Zertifikat enthaltene Signaturprüfschlüssel (Private Key) muss in eine sichere Signaturerstellungseinheit (PSE) übertragen und öffentlich nachprüfbar und gegebenenfalls abrufbar gehalten werden.[9] Die Qualität, das heißt die Rechtssicherheit der elektronischen Signaturen, steigt mit den an sie gestellten technischen und organisatorischen Anforderungen. Die weiteren Abschnitte des Signaturgesetzes beschäftigen sich mit den an signaturgesetzkonforme Zertifizierungsanbieter gestellten Anforderungen und schreibt vor, dass eine freiwillige Akkreditierung durch die Regulierungsbehörde für Telekommunikation und Post notwendig ist, um qualifizierte Zertifikate anbieten und ausstellen zu dürfen. Konkrete Angaben zu diesen Anforderungen sind in der Verordnung zum Signaturgesetz, ergänzt durch einen Maßnahmenempfehlung des BSI, zu finden [SigV, BSIMaß].

Laut [SigG] bietet eine qualifizierte elektronische Signatur die höchste Rechtsverbindlichkeit im elektronischen Geschäftsverkehr. Relativierend dazu beschloss die Bundesregierung am 16. Januar 2002 u. a. „ *... die Interoperabilität zwischen fortgeschrittenen und qualifizierten Signaturen (vertikale Interoperabilität)* [zu] *gewährleisten.* "[10] Weiterhin „ *... prüft* [das Bundesministerium] *den Bedarf für eine „virtuelle Poststelle""*.[11] Das heißt, die Bundesregierung verschließt sich nicht den weniger qualifizierten Signaturen. So wird zum Beispiel auch ein qualifiziert signiertes Dokument als Dateianhang einer unsignierten E-Mail als ausreichend rechtsverbindlich erachtet. Für die Überprüfung von Signaturen des Bundes und Verschlüsselung von E-Mails an Bundeseinrichtungen werden die öffentlichen Schlüssel der Bundesverwaltung in Form von X.509v3-Zertifikaten für die Verschlüsselung gemäß dem S/MIME-Standard (Kapitel 4.1.1) zur Verfügung gestellt.

Das Signaturgesetz stellt hohe Anforderungen an die Sicherheit elektronischer Signaturen. Die Praxis muss jedoch erst beweisen, ob diese Sicherheitsrichtlinien praktikabel sind. Viele Aspekte, wie zum

---

[8] §2 Nummer 2 und 3 [SigG] Begriffsbestimmungen
[9] §2 Nummer 12 a und b [SigG] Begriffsbestimmungen
[10] II. 3. c Abs. (2) [SigB] Interoperabilität

Beispiel Massensignaturen [kes1] oder Stellvertreterregeln [kes2], sind nicht eindeutig geregelt bzw. werden derzeit durch die Bestimmungen des Signaturgesetzes erschwert. Aus diesem Grund wagen sich viele Unternehmen zur Zeit noch nicht an das Thema digitale Signatur heran und warten ab, welche Erkenntnisse der praktische Einsatz bei anderen Unternehmen hervorbringt. Einen Schub könnte die digitale Signatur im Jahr 2005 erhalten. Bis dahin möchte die Bundesregierung in der Lage sein „

... den anwendungsbezogenen flächendeckenden Einsatz qualifizierter elektronischer Signaturen als eine Grundlage für die e-Government-Intitiative „BundOnline2005" [zu ermöglichen]".[12]

4 E-Mail Verschlüsselung

In den vorangegangenen Kapiteln 2 und 3 wurden die theoretischen Grundlagen zu den Themen Kryptografie, Verschlüsselung und Signatur von Daten gelegt. Aufbauend auf dieses Wissen erfolgt in den folgenden Kapiteln eine Spezialisierung auf das Thema E-Mail Verschlüsselung. Im Rahmen dieser Diplomarbeit sollen verschiedene Konzepte zur Verschlüsselung von E-Mails bei der Berliner Volksbank entwickelt und miteinander verglichen werden. Als Erweiterung der gelegten Grundlagen werden im nächsten Unterkapitel drei Standards zur Verschlüsselung von E-Mails kurz vorgestellt und die zwei derzeit verbreitetsten Standards miteinander verglichen. Im Anschluss erfolgt die Beschreibung und der Vergleich der entwickelten Konzepte zur E-Mail Verschlüsselung bei der Berliner Volksbank.

4.1 E-Mail Verschlüsselungsstandards

4.1.1 S/MIME

Ursprünglich ist eine E-Mail ein 7 Bit ASCII Text, ohne weitere Struktur.[13] Das E-Mail Austauschformat Multipurpose Internet Mail Extensions (MIME-Standard), im [RFC 1521] beschrieben, definiert zusätzlich Header Zeilen. Diese enthalten Informationen über die Struktur der E-Mail, Art der enthaltenen Daten oder dem Code-Format der E-Mail. Das S bei S/MIME steht für Secure und ist eine Erweiterung des MIME-Standards. Die im S/MIME-Standard ergänzten Header beschreiben, die für die Verschlüsselung bzw. Signatur einer E-Mail angewandten kryptografischen Verfahren. Gemäß dieses Standards werden E-Mails mit einem Hybridverfahren verschlüsselt und signiert, wobei digitale Zertifikate vom Typ X.509v3 unterstützt werden. Aus dem Zertifikatstyp lässt sich auf das angewandte Vertrauensmodell, Hierarchical Trust, des S/MIME-Standards schließen. Namhafte Hersteller wie Netscape, Microsoft oder RSA Security unterstützen S/MIME, was die Verbreitung dieses Standards sehr gefördert hat. Die aktuelle Version 3 des S/MIME-Standards ist noch nicht sehr verbreitet.[14] Auf Grund seiner Abwärtskompatibilität zu der zum aktuellen Zeitpunkt weitverbreitetsten Version 2 ist anzunehmen, dass sie sich durchsetzen wird.[15]

---

[11] II. 3. c Abs. (5) [SigB] Bereitstellung von Basiskomponenten
[12] I. [SigB] Beschluss
[13] vgl. [Mail] Was ist MIME?
[14] S/MIME Version 3 definiert in [RFC 2632, RFC 2633, RFC 2634]
[15] S/MIME Version 2 definiert in [RFC 2311, RFC 2312, RFC 2314, RFC 2315]

4.1.2 OpenPGP

PGP steht für „Pretty Good Privacy" und ist eine von Phil Zimmermann im Jahr 1991 entwickelte Verschlüsselungssoftware. Durch Offenlegung des Quellcodes fand die Software schnell Verbreitung in der Internetgemeinde. Inzwischen entwickelt eine Arbeitsgruppe der IETF einen auf PGP basierenden Standard namens OpenPGP. Open steht dabei für offener Standard und nicht für kostenlose Software, wie oft irrtümlich angenommen wird. Für den kommerziellen Anwendungsbereich entstehen Lizenzkosten beim Einsatz von OpenPGP-Produkten.

PGP sowie der Standard OpenPGP nutzen das Vertrauensmodell Web of Trust, welches hohen Anklang bei nichtkommerziellen Anwendern findet, da wie in Kapitel 3.1 beschrieben, keine spezielle Infrastruktur notwendig ist. Der Standard OpenPGP definiert dazu eigene Zertifikate und greift nicht auf bestehende Standards zurück.

4.1.3 Vergleich S/MIME und OpenPGP

Die Standards S/MIME und OpenPGP sind nicht kompatibel [ChrKir]. Dies ist nicht auf die verwendeten Verschlüsselungs- und Signaturalgorithmen zurückzuführen, als auf die unterschiedlichen Vertrauensmodelle und den daraus resultierenden unterschiedlichen Formaten der verwendeten Zertifikate. Beide Standards verwenden leistungsstarke Verschlüsselungs- und Signaturalgorithmen. Der Vorteil von OpenPGP ist seine weite Verbreitung, Praxiserprobtheit und Flexibilität in bezug auf die Struktur der Zertifizierungskette. Der Nachteil besteht darin, dass OpenPGP-Zertifikate nicht für eine hierarchische Zertifizierung geeignet sind. Es fehlen in der Zertifikatsstruktur die Felder für die notwendigen Informationen, welche von einem Trust Center in das Zertifikat eingetragen werden. Im Vergleich dazu bieten die von S/MIME verwendeten X.509 Zertifikate diese Möglichkeiten. Zwei Kriterien schließen speziell in Deutschland die Anwendung von OpenPGP-Produkten für den verschlüsselten geschäftlichen E-Mail Verkehr aus. Zum einen bietet OpenPGP keine Chipkartenunterstützung, welche für eine qualifizierte Signatur notwendig ist, zum anderen hat die Bundesregierung, wie im Kapitel 3.4 dargestellt, beschlossen ihre elektronischen Signaturen auf X.509v3-Zertifikaten basieren zu lassen [SigB].

4.1.4 Mailtrust

In Deutschland wird zukünftig der Mailtrust-Standard eine Rolle spielen. Entwickelt wurde dieser von dem deutschen Industrieverband Teletrust. Besonderen Wert legt dieser Standard auf Signaturgesetzkonformität, wobei er sich bestehender Standards bedient und diese an die Anforderungen des deutschen Signaturgesetztes anpasst.

Mailtrust fordert den Einsatz von X.509v3-Zertifikaten. Dazu definiert der Standard ein eigenes Profil, welches sich an den Profilen des PKIX- und des ISIS-Standards orientiert. Es besteht eine eingeschränkte Kompatibilität zwischen diesen Profilen. Als Austauschformat wurde anfangs das PEM-Format (Privacy Enhanced Mail) verwendet. Als sich S/MIME gegen dieses durchsetzte, wurde er in den Mailtrust-Standard aufgenommen.

Die deutsche Bundesverwaltung soll mit Mailtrust-Software ausgestattet werden. Trotzdem ist nicht anzunehmen, dass sich die großen Softwareentwickler auf den Mailtrust-Standard einstellen. Entsprechend werden Mailtrust-Produkte wahrscheinlich über Plug-ins oder Zusatzsoftware für die Verschlüsselung und Signatur von E-Mails zur Verfügung gestellt werden.

4.2 Konzepte zur Verschlüsselung von externen E-Mails

Basierend auf dem oben dargestellten Wissen zum Thema E-Mail Verschlüsselung wurden drei Hauptkonzepte entwickelt. Eines der drei Hauptkonzepte erforderte eine Unterteilung in drei Unterkonzepte, sodass insgesamt fünf Konzepte zur Verschlüsselung von externen E-Mails bei der Berliner Volksbank entwickelt wurden. Es wurden sehr unterschiedliche Ansätze verfolgt, welche alle den Hauptfokus auf die Verschlüsselung von E-Mails gerichtet haben. So entstanden auch Konzepte, welche das Thema Signatur völlig außer acht lassen. Die Konzepte unterscheiden sich in bezug auf Kosten, Anwenderfreundlichkeit und Verwaltungsaufwand zum Teil erheblich. Der Variantenvergleich in Kapitel 5 wird die Unterschiede anhand dieser und anderer Eigenschaften der Konzepte aufzeigen.

Die fünf entwickelten Konzepte werden einzeln beschrieben und deren auffälligsten Vorteile und Nachteile benannt.

4.2.1 Dokumentenverschlüsselung

Das erste Konzept, Dokumentenverschlüsselung benannt, zielt nicht auf die Verschlüsselung der E-Mail an sich, sondern die Verschlüsselung der Inhalte der E-Mail ab. Alle Informationen, welche per E-Mail versandt werden sollen, werden in Text- oder Office-Dokumente geschrieben. Diese Dokumente werden mit einer separaten Verschlüsselungssoftware oder einer in die Officeanwendungen integrierten Verschlüsselungssoftware passwortabhängig verschlüsselt. Die daraus entstehende verschlüsselte Datei wird als Anhang per E-Mail an den externen Kommunikationspartner übermittelt. Das Passwort wird diesem per Telefon oder per Post mitgeteilt, woraufhin er die verschlüsselten Daten entschlüsseln kann. Für Kommunikationspartner mit denen regelmäßig kommuniziert wird, kann ein geheimer Algorithmus für eine regelmäßige Passwortänderung vereinbart werden.

Microsoft Office-Produkte und Lotus Office-Produkte integrieren bereits eine Verschlüsselungssoftware. Für Dateien anderer Art wäre zum Beispiel das Produkt WinZip als Verschlüsselungssoftware anwendbar. Die Vorteile dieses Konzeptes bestehen darin, dass die Verschlüsselung sofort einsetzbar ist und keine zusätzlichen Kosten verursacht. Der Einsatz einer PKI ist nicht notwendig. Die Nachteile bestehen in der kompliziert werdenden Passwortverwaltung, der fehlenden Signaturgesetzkonformität und dem Virenrisiko, da verschlüsselte Daten von einem Virenscanner nicht geprüft werden können. Die Verschlüsselung der Office-Produkte sind sehr unsicher und kann für ca. 30,- € pro Datei bei kommerziellen Anbietern entschlüsselt werden lassen. Es ist zudem unzumutbar, von dem externen Kommunikationspartner zu verlangen eine kompatible Verschlüsselungssoftware einzuführen, um mit der Berliner Volksbank sicher zu kommunizieren. Ausführbare Dateien, welche sich selbst nach Eingabe des Passwortes entschlüsseln, werden von den Firewalls der meisten Unternehmen herausgefiltert und würden den Empfänger nicht erreichen.

4.2.2 Webbasierte E-Mail

Auf E-Mails wird heute in den meisten Fällen auf zwei Arten zugegriffen. Entweder kann der Anwender einen E-Mail-Client nutzen und ruft die E-Mails per Post Office Protocol Version 3 (POP3) oder Internet Message Access Protocol vom E-Mail Server ab, um diese am PC zu lesen. Oder er muss sich per Browser bei einem E-Mail Webportal anmelden und bekommt die E-Mails über seinen Browser angezeigt. Viele E-Mail Provider bieten beide Möglichkeiten an.

Die zweite Variante ist außerdem dazu geeignet, um verschlüsselte E-Mail Kommunikation zu betreiben. Auf einem speziellen E-Mail Server, durch die Berliner Volksbank betrieben, wird für jeden externen Kommunikationspartner ein E-Mail Konto eingerichtet. E-Mails für diesen externen Kommunikationspartner werden unverschlüsselt an das Mailkonto auf dem speziellen E-Mail Server gesandt. Die E-Mail wird dort verschlüsselt abgelegt und der Kommunikationspartner per Standard E-Mail darüber informiert, dass eine verschlüsselte E-Mail für ihn bereit liegt. Dieser loggt sich per Browser und SSL-Verschlüsselung über ein Webportal auf dem E-Mail Server ein und kann die E-Mail per Browser lesen und eigene E-Mails an Mitarbeiter der Berliner Volksbank versenden. Der Mitarbeiter erhält die E-Mail des externen Kommunikationspartners als Standard E-Mail.

Die Vorteile dieses Konzeptes sind die vergleichsweise geringen Anschaffungs- und Betriebskosten, einfache Anwendung sowie ein geringer Verwaltungsaufwand. Der Einsatz einer PKI ist nicht notwendig. Die Akzeptanz des Systems durch Mitarbeiter und externe Kommunikationspartner kann durch Schulungen erreicht werden. Nachteilig ist, dass der externe Kommunikationspartner keinen E-Mail Client verwenden kann. Die fehlende Signaturgesetzkonformität und die Inkompatibilität zu anderen gängigen Verschlüsselungssystemen müssen gegen die Vorteile, welche dieses Konzept bietet, abgewogen werden. Die Mitarbeiter der Berliner Volksbank müssten in der Anwendung dieser Lösung detailliert geschult werden, um gegenüber ihren externen Kommunikationspartnern über die Funktion des Systems auskunftsfähig sein zu können.

4.2.3 E-Mail Verschlüsselung unter Verwendung einer PKI

Für die im Kapitel 4.1 vorgestellten E-Mail Verschlüsselungsstandards ist die Verwendung einer PKI Voraussetzung. Eine PKI kann vollständig oder teilweise von einem Unternehmen betrieben werden. Als dritte Möglichkeit kann die PKI eines professionellen PKI-Dienstleisters in Anspruch genommen werden. Diese drei Varianten führten bei der Entwicklung der Konzepte zu einer Unterteilung des dritten Hauptkonzeptes. Neben der Verwendung einer PKI ist der Einsatz einer Verschlüsselungssoftware für die eigentliche Verschlüsselung der E-Mails notwendig. Zwei Ansätze für die Verschlüsselung der E-Mails in Verbindung mit einer PKI werden in den Kapiteln 4.2.3.4 und 4.2.3.5 beschrieben.

4.2.3.1 Verwendung einer eigenen PKI

Die erste Variante sieht vor, dass alle Komponenten einer PKI (Kapitel 3.2) unter der Obhut der Berliner Volksbank betrieben werden. Es müssen mindestens eine RA, CA sowie ein DIR eingerichtet werden. Zwischen dem DIR und dem Internet ist die Einrichtung einer LDAP- oder HTTP Schnittstelle für die Bereitstellung von Zertifikaten und Certificate Rovocation Lists (CRLs) erforderlich, welche durch geeignete Schutzmaßnahmen zu sichern ist. Der Vorteil einer eigenen PKI besteht u. a. darin, Zertifikate zahlenmäßig unbegrenzt und kostenlos ausstellen zu können. Ein weiterer wichtiger Punkt ist die Sicherheit, welche die Bank nicht aus der Hand gibt, da alle sicherheitsrelevanten Komponenten durch die Sicherheitssysteme der Bank geschützt würden. Nachteilig ist, dass eine PKI, welche den Ansprüchen einer Akkreditierung durch die zuständige Behörde entspricht, in der Anschaffung und im Betrieb extrem teuer ist. Ohne Akkreditierung ist der Wert der ausgestellten Zertifikate für externe Kommunikationspartner jedoch zweifelhaft. Qualifizierte Signaturen sind nicht möglich. Für eine ausschließlich interne Anwendung der Verschlüsselung und Signatur wäre die Anschaffung einer eigenen PKI durchaus sinnvoll. Da die Bürokommunikationsplattform Lotus Notes, die interne Verschlüsselung bereits ermöglicht, wäre sie für die Berliner Volksbank redundant.

4.2.3.2 Verwendung einer Dienstleister PKI

Die hohen Kosten für den Betrieb einer eigenen PKI können eingespart werden, indem die PKI als Dienstleistung eines PKI-Dienstleisters eingekauft wird. Zertifikate werden bei dem Dienstleister beantragt und dort ausgestellt. Dieser stellt die Zertifikate anschließend auf seinem DIR für den Abruf durch externe Kommunikationspartner bereit. Die Berliner Volksbank benötigt lediglich eine geeignete Verschlüsselungssoftware für die Verschlüsselung der E-Mails. Die zweite Variante birgt seine Vorteile vor allem in den vergleichsweise geringen Anschaffungs- und Betriebskosten sowie der Möglichkeit signaturgesetzkonform signieren zu können, da die Zertifikate bei einem akkreditierten Zertifizierer beschafft werden können. Nachteilig ist die Erhöhung der Betriebskosten mit jedem zusätzlichen Zertifikat. Die Beantragung und Sperrung von Zertifikaten erfolgt leicht zeitverzögert im Vergleich zu den Möglichkeiten, welche eine eigene PKI bietet.

4.2.3.3 Verwendung einer Dienstleister PKI mit lokaler Registrierungsinstanz

Das zuvor beschriebene Konzept ist unter bestimmten Bedingungen erweiterbar. Bei einer sehr hohen Anzahl von Anwendern bei der Bank ist es sinnvoll, wenn die Registrierungsinstanz bei der Bank angesiedelt ist. Dies versteht sich wie folgt. Wenn der Zertifizierer eine Schnittstelle zu seiner CA anbietet, kann die RA lokal (LRA) bei der Berliner Volksbank angesiedelt sein. Dadurch verkürzen sich die Zeiten, welche für eine Beantragung oder Sperrung eines Zertifikates aufgewendet werden müssen. Im Vergleich zum zuvor beschriebenen Konzept sind als leichter Nachteil, die etwas höheren Betriebskosten für den Betrieb der LRA zu nennen. Alle anderen Vor- und Nachteile dieses Konzeptes sind analog zum zuvor beschriebenen.

4.2.3.4 Lokale Verschlüsselung am Arbeitsplatz

Für eine verschlüsselte Punkt zu Punkt Kommunikation muss die Verschlüsselung der E-Mail am Arbeitsplatz stattfinden. In Form eines Plug-ins für Lotus Notes Mail-Clients ist eine einfache Installation einer solchen Verschlüsselungssoftware möglich. Als einer der Vorteile dieser Lösung ist zu nennen, dass die E-Mails innerhalb des Netzes der Berliner Volksbank verschlüsselt sind und auf diesem Weg eventuellen Angriffen innerhalb der Bank entgegengetreten werden kann. Bei einem kleinen Kreis von Nutzern ist diese Variante preiswerter als die im nächsten Kapitel vorgestellte Verschlüsselung am Gateway. Viele Arbeitsplatzverschlüsselungssysteme ermöglichen durch den Einsatz eines Chipkartenlesegerätes eine qualifizierte Signatur, welche auch rechtsverbindliche Geschäfte per E-Mail ermöglichen würde. Da verschlüsselte E-Mails von Virenscannern nicht überprüft werden können, ist eine geeignete Arbeitsplatzlösung zu schaffen, die diese Aufgabe nach der Entschlüsselung einer E-Mail übernimmt. Der Installationsaufwand und der Schulungsaufwand bei den Mitarbeitern ist verglichen mit einer Verschlüsselung durch ein Gateway deutlich höher und darf nicht unterschätzt werden, da jeder Mitarbeiter ein Verantwortungsbewusstsein für E-Mail Verschlüsselung entwickeln muss. Die Administration der Verschlüsselungssoftware sollte zentral möglich sein, um einen vertretbaren Aufwand zu gewährleisten.

4.2.3.5 Zentrale Verschlüsselung am Verschlüsselungsgateway

Ein Gateway zur Verschlüsselung von E-Mails würde in die technische E-Mail Infrastruktur der Berliner Volksbank integriert werden. Das Verschlüsselungsgateway hat die Aufgabe E-Mails zu verschlüsseln, zu signieren, zu entschlüsseln und zu verifizieren. Anhand von einstellbaren Regeln entscheidet es, ob eine ausgehende E-Mail verschlüsselt und / oder signiert werden muss. Bei eingehende E-Mails erfolgt die Überprüfung der Signatur und gegebenenfalls die Entschlüsselung. Der Anwender bleibt von diesen Funktionalitäten völlig unberührt, wodurch sich eine Schulung auf eine Information des Mitarbeiters reduziert. Der Virenschutz ist gewährleistet, da das Gateway wie ein einfaches E-Mail Gateway in die technische Infrastruktur integriert werden kann. Einen weiteren großen Vorteil bietet die Möglichkeit der Nutzung eines Unternehmenszertifikates. Dadurch entstehen der Bank Zertifikatskosten nur in der Höhe der Kosten für ein Zertifikat. Die Qualität der Signaturen ist jedoch eingeschränkt. Unter Verwendung personengebundener Zertifikate sind maximal fortgeschrittene, unter Verwendung eines Unternehmenszertifikates maximal einfache elektronische Signaturen entsprechend dem deutschen Signaturgesetz möglich (Kapitel 3.4). Die Integration des Gateways in das Netzwerk der Berliner Volksbank stellt sich als nicht trivial dar, da dieses sehr komplex und zur Erhöhung der Verfügbarkeit redundant aufgebaut ist. Da das E-Mail Verschlüsselungsgateway zum Internet hin geöffnet werden muss, um E-Mails versenden zu können, müssen hohe Anforderungen an die Sicherheit des Softwareproduktes gestellt werden.

5 Variantenvergleich

Die entwickelten Konzepte zur Verschlüsselung von E-Mails bei der Berliner Volksbank unterscheiden sich in ihren Eigenschaften zum Teil erheblich. Als Beispiel soll die nicht vorhandene bzw. in verschiedenen Abstufungen erfüllte Signaturgesetzkonformität genannt werden. Um die Konzepte miteinander vergleichen zu können, wurden alle eine Auswahl beeinflussenden Eigenschaften aufgelistet. Durch Anwendergespräche wurde der Bedarf und die Anforderungen an ein E-Mail Verschlüsselungssystem ermittelt. Die Eigenschaften und die Ergebnisse der Anwendergespräche wurden zusammengeführt, indem für jede Eigenschaft anhand der ermittelten Anforderungen definiert wurde, in welcher Form die Eigenschaft durch das E-Mail Verschlüsselungssystem zu erfüllen ist. Der Vergleich der fünf Konzepte in bezug auf eine jede Eigenschaft führte letztendlich zu einer Entscheidung. Die folgenden Kapitel beschreiben das Vorgehen beim Variantenvergleich genau.

5.1 Anwendergespräche

Zwei Ziele wurden mit der Durchführung von Anwendergesprächen verfolgt. Zum einen sollten der Bedarf, zum anderen die Anforderungen an ein E-Mail Verschlüsselungssystem, aus der Sicht der zukünftigen Anwender ermittelt werden. Dazu wurde ein Fragebogen (Anhang I) entwickelt, der in Form eines persönlichen oder telefonischen Gespräches bearbeitet wurde. Es wurde ermittelt, welche externen Kommunikationspartner existieren, welche E-Mail Software (E-Mail Client) diese verwenden, ob der externe Kommunikationspartner bereits verschlüsseln kann und wie häufig die Kommunikation per E-Mail mit dem Kommunikationspartner stattfindet. Der wichtigste Punkt fragte nach der Art der ausgetauschten Daten und deren Vertraulichkeit, Authentifizierungs- sowie Verschlüsselungsbedürfnis. Abschließend wurde gefragt, ob sich durch den Einsatz einer E-Mail Verschlüsselung neue Anwendungsgebiete für den Einsatz von E-Mail ergeben könnten.

Insgesamt wurden 13 Gespräche mit zum Teil leitenden Angestellten aus verschiedenen Abteilungen und Bereichen, wie Marketing, Revision, Personal, Organisation, Verwaltung, Zahlungsverkehr oder Vorstand geführt. Folgende Ergebnisse wurden bei der anonymen Auswertung ermittelt. Es wurden weit über 30 ständige externe Kommunikationspartner namentlich benannt. Mit vielen dieser Kommunikationspartner wird mehrmals am Tag, zumindest mehrmals pro Woche, per E-Mail kommuniziert. Insgesamt wurden 24 Datenarten benannt, welche per E-Mail ausgetauscht werden und zumeist als verschlüsselungswürdig eingestuft wurden. Dies sind unter anderem anonymisierte Kunden- und Personallisten, kostenpflichtige Software, rechtlicher Schriftverkehr, Kundenstatistiken, Konzepte und Verträge oder Druckvorlagen. In vier Fällen wurde der Austausch bestimmter Daten per E-Mail vom externen Kommunikationspartner auf Grund fehlender Verschlüsselungsmöglichkeiten abgelehnt. Neue Anwendungsgebiete würden sich durch die Möglichkeit der E-Mail Verschlüsselung in Form des Austausches von Schufa-Daten, Personaldaten, Kundendaten, Kreditkartendaten oder Verdachtsanzeigen in bezug auf das Geldwäschegesetz ergeben. Allgemein wurde bemerkt, dass das

System einfach bedienbar sein und den Mitarbeiter in seiner Arbeit so wenig wie möglich berühren sollte. Bei der Auswertung der Ergebnisse wurde festgestellt, dass der Bedarf für ein E-Mail Verschlüsselungssystem besteht. Neben den erweiterten Kommunikationsmöglichkeiten ist eine nicht unerheblich Kostenersparnis in Form von Portogebühren möglich. Die Einschränkungen, welchen heute der Austausch von zum Beispiel Personaldaten unterliegt, könnten beseitigt und Arbeitsabläufe beschleunigt werden. Voraussetzung ist ein System, welches die Mitarbeiter annehmen, was durch Schulung und einfache Bedienbarkeit des Systems erreicht werden kann.

5.2 Definition eines Anforderungskataloges

20 Eigenschaften wurden bestimmt, anhand derer die fünf Konzepte zur Verschlüsselung von E-Mails verglichen werden sollten. Die Eigenschaften (siehe Anhang II) beziehen sich unter anderem auf Anschaffungs- und Betriebskosten, verschiedene Arten von Aufwänden, Signaturgesetzkonformität, Skalierbarkeit und Virenschutz. Für jede Eigenschaft wurde definiert, wann sie durch ein Konzept für die Bank vorteilhaft erfüllt wird. Zum Beispiel ist ein Konzept in der Eigenschaft Administrationsaufwand vorteilhafter, umso geringer dieser ausfällt. Zusätzlich wurden alle Eigenschaften jeweils einer von drei Eigenschaftsgruppen zugeordnet. Die erste Gruppe enthält sogenannte K.O. Kriterien. Bei starker Abweichung von den Vorstellungen der Bank in bezug auf die Erfüllung dieser Eigenschaft fällt das Konzept, als Kandidat für eine mögliche Umsetzung, aus der Auswahl heraus. Die zweite Gruppe enthält wichtige Eigenschaften, die bestmöglich den Vorstellungen der Bank entsprechend erfüllt werden sollten. Abweichungen sind jedoch zulässig. Die dritte Gruppe enthält beachtenswerte Eigenschaften, deren Einfluss auf die Entscheidung vergleichsweise gering ist. Unter diesen Voraussetzungen konnte ein Vergleich, wie in dem folgenden Kapitel beschrieben, angestellt werden.

5.3 Konzeptauswahl

5.3.1 Das Verfahren

Im Anhang II befindet sich eine Tabelle, welche in der ersten Spalte alle Eigenschaften, die für den Vergleich der Konzepte betrachtet wurden, auflistet. Für jedes Konzept wurde die Erfüllung einer jeden Eigenschaft verbal bewertet. In einer Tabelle (Anhang II) wurden die Konzepte in bezug auf jede Eigenschaft in Form eines Rankings miteinander verglichen. Als Grundlage diente die vorausgegangene verbale Bewertung der Eigenschaften. Konnten bei einer Eigenschaft keine Unterschiede zwischen zwei oder mehreren Konzepten festgestellt werden, erhielten diese den gleichen Platz. Der oder die nachfolgenden Plätze wurden in diesem Fall nicht vergeben. Nach der Durchführung des Rankings bei allen Eigenschaften wurden die Platzierungen für jedes Konzept aufsummiert. Das Konzept mit der kleinsten Summe gilt nach diesem Verfahren als das beste. Zusätzlich wurden die Platzierungen der einzelnen Eigenschaftsgruppen aufsummiert, um eine differenzierte Bewertung der Ergebnisse vornehmen zu können.

5.3.2 Die Entscheidung

Die Entscheidung, welches Konzept umgesetzt werden soll, wurde im Rahmen einer Präsentationsveranstaltung vor der Bereichsleitung des Bereiches Organisation, der Abteilungsleitung der Abteilung Organisation Informationstechnik (OIT) sowie Gruppenleitern und Mitarbeitern der OIT getroffen. Die Präsentation diente der Grundlagenlegung für eine anschließende Diskussion des Variantenvergleichs.

Als Ergebnis wurde das rechnerische Ergebnis des Variantenvergleichs bestätigt. Das vierte Konzept, Verwendung einer Dienstleister PKI, setzte sich als Favorit durch. Diese Variante erscheint bei einer angestrebten Anzahl von ca. 50 Anwendern als die vorteilhafteste. In allen drei Eigenschaftsgruppen belegt das Konzept 4 einen der ersten drei Plätze, bei der umfangreichsten Gruppe 2 und der Gesamtauswertung den ersten Platz. Begründet durch die geringe Anzahl an Anwendern wäre der Einsatz einer eigenen PKI oder einer LRA überdimensioniert. Die geringeren Aufwände bei der Administration, Installation und Schulung, verglichen mit den Konzepten 3 und 5 (eigene PKI bzw. fremde PKI mit eigener LRA), überzeugen ebenso, wie die geringen Anschaffungs- und Betriebskosten. Die Konzepte 1 und 2, Dokumentenverschlüsselung bzw. Webbasierte E-Mail, disqualifizierten sich auf Grund fehlender Signaturgesetzkonformität und Inkompatibilität zu anderen standardkonformen Verschlüsselungssystemen. Die sich wahrscheinlich schlecht entwickelnde Nutzerakzeptanz unterstützte den Ausschluss dieser beiden Konzepte.

Als Verschlüsselungssystem wurde eine Gateway-Lösung favorisiert, womit den Anforderungen der Anwender und Administratoren, nach einfacher Bedienung bzw. geringem administrativen Aufwand, Rechnung getragen wird. Der zusätzliche punktuelle Einsatz von Arbeitsplatzlösungen für die qualifizierte Signatur von E-Mails wird durch eine Gateway-Lösung nicht verhindert und bleibt als Option erhalten. Das Verschlüsselungsgateway soll auf Grund der Signaturgesetzkonformität in der Hauptsache den S/MIME-Verschlüsselungsstandard unterstützen. Ein modularer Aufbau des Systems, welcher die Erweiterung um den OpenPGP-Standard zulässt, wird erwünscht.

6 Umsetzung eines E-Mail-Verschlüsselungskonzeptes

6.1 Anbieter und Produkte

Eine Internetrecherche diente der Findung von Anbietern, deren Produkte den entwickelten Konzepten entsprachen. Da bei der oben erwähnten Präsentation auch eine Entscheidung über das zu favorisierende Produkt gefällt werden sollte, wurden zu allen fünf Konzepten entsprechende Anbieter und Produkte gesucht und einem Auswahlverfahren unterzogen.

Für die Realisierung des ersten Konzeptes, Dokumentenverschlüsselung boten sich zwei Produkte an. Zum einen die Verschlüsselungsshareware COffice, welche eine starke Verschlüsselung als Plug-in für Microsoft Office-Produkte bietet, zum anderen das bei der Berliner Volksbank für die Komprimierung von Daten bereits eingesetzte WinZip für die Verschlüsselung beliebiger Dateitypen. Anbieter eines Produktes für Konzept 2, Webbasierte E-Mail, ist die HiSolutions AG mit dem Produkt

HiMessenger. Für die Konzepte 3 bis 5, Verwendung einer PKI, mussten Anbieter von PKI Infrastrukturen, Verschlüsselungssystemen sowie Zertifikaten gefunden werden. Vier Anbieter, Glueck & Kanja Technology AG (Glueck:Kanja), bone labs, GROUP Technologies AG und Utimaco Safeware AG, waren zu Beginn um das Verschlüsselungssystem im Rennen. Drei akkreditierte Zertifizierer, TC TrustCenter AG, D-Trust GmbH und TeleSec standen für einen Vergleich ihrer Zertifikatsangebote an, wobei die ersten beiden auch Lösungen für eine LRA anbieten. Vier Anbieter, die selben wie bei den Verschlüsselungssystemen, standen in bezug auf PKI Infrastrukturen zur Auswahl. Auf Grund der hohen Kosten und der beschriebenen Schwierigkeiten mit der Signaturgesetzkonformität, wurde die Anschaffung einer eigenen PKI Infrastruktur nur am Rande betrachtet.

6.2 Auswahlverfahren und Produktauswahl

Zu Beginn des Auswahlverfahrens wurde anhand der von den Anbietern angeforderten White Papers und Angebote eine Vorauswahl getroffen. Glueck:Kanja schied aus dem Auswahlverfahren aus, da deren Verschlüsselungslösungen nur PGP-Verschlüsselung, jedoch keine S/MIME-Verschlüsselung unterstützen. Von der GROUP Technologies AG lag zum Zeitpunkt der Präsentation kein Angebot vor. Das Angebot wurde später nachgereicht, entsprach in der Höhe der Anschaffungskosten jedoch nicht den Vorstellungen der Bank. Somit standen für einen Vergleich die Produkte das SecurE-Mail Gateway der Utimaco AG, das T/bone-Gateway von bone labs und der HiMessenger von der HiSolutions AG zu Auswahl.

Die HiSolutions AG stellte ihr Produkt HiMessenger an ihrem Firmensitz während eines Präsentationstermins vor. Dies verschaffte Klarheit über die Funktionsweise und technischen Anforderungen des Systems. Eine Demoanwendung, auf einem Testserver der HiSolutions AG, konnte bei der Präsentation vor den Entscheidern bei der Berliner Volksbank vorgeführt werden. Die beiden Verschlüsselungsgateways wurden anhand ihrer Funktionalitäten miteinander verglichen. Das SecurE-Mail Gateway tat sich durch die Unterstützung von personengebundenen sowie Unternehmenszertifikaten hervor, während das T/bone-Gateway nur den Einsatz von Unternehmenszertifikaten unterstützt. Das T/bone-Gateway wird zusammen mit Zertifikaten der TC TrustCenter AG vertrieben, welche erheblich teurer sind als die Zertifikate der D-Trust GmbH. Das SecurE-Mail Gateway unterstützt alle dem X.509v3-Standard entsprechenden Zertifikate unabhängig vom Zertifizierer.

Alle drei Lösungen wurden weiterhin anhand der Anschaffungs- und Betriebskosten verglichen, welche durch sehr unterschiedliche Lizenzkostenmodelle der Hersteller beeinflusst werden. Die HiSolutions AG bot eine Lizenz für 50 Anwender bzw. eine Lizenz für die Gesamtbank. Bone labs bot eine Lizenz der Größenordnung 2001 – 5000 Anwender, da nach Auffassung von bone labs alle externen E-Mails der Bank das Gateway passieren. Nach dieser Auffassung zählen alle Mitarbeiter als Anwender, ob deren externen E-Mails verschlüsselt werden oder nicht. Die Utimaco AG lizenziert nach Anzahl der verschlüsselnden bzw. signierenden Anwender, unabhängig ob ein personengebundenes oder ein unternehmensgebundenes Zertifikat verwendet wird. Im Anhang III sind die verschiedenen Lizenzmodelle und Funktionalitäten der drei Verschlüsselungslösungen aufgeführt. Die Firma Tele-

Sec, eine Tochter der Telekom AG, disqualifizierte sich, da eine Ausstellung eines Zertifikates für die S/MIME-Verschlüsselung an ein T-Online E-Mail Account gebunden ist. Als Anbieter von Zertifikaten zur Verschlüsselung von E-Mails kamen nur noch die TC TrustCenter AG und die D-Trust GmbH in die engere Auswahl.

Die vorgestellten Informationen über die verschiedenen Funktionalitäten und Kosten der verschiedenen Systeme dienten bei der Präsentation vor den Entscheidern als Entscheidungsgrundlage. Es wurde beschlossen, das SecurE-Mail Gateway der Utimaco AG zu testen und gegebenenfalls einzuführen. Das Angebot von bone labs war in den Anschaffungskosten zu hoch. Auch wenn bei stark ansteigender Anwenderzahl die Lizenzkosten der Utimaco AG höher liegen als die Lizenzkosten der Firma bone labs. Der HiMessenger schied zusammen mit dem Konzept 2 aus den bereits genannten Gründen (Kapitel 5.3.2) aus der engeren Auswahl aus. Die Vorstellung der Demoanwendung noch vor der Konzeptauswahl änderte an der Entscheidung nichts.

6.3 Test des SecurE-Mail Gateways

Nachdem eine Produktauswahl getroffen wurde, muss die Funktion und Integrierbarkeit des Produktes in die IT-Infrastruktur der Berliner Volksbank nachgewiesen werden. Die Utimaco AG stellt eine Testversion des SecurE-Mail Gateways, fortan Verschlüsselungsgateway genannt, zum Download auf ihrer Internetseite bereit [Utimaco]. Dazu stellt ein Vertriebspartner der Utimaco AG, die Firma Walther EDV & Telekommunikation, eine einen Monat gültige Testlizenz in Form einer Datei zur Verfügung. Für das Verständnis der Ziele der durchzuführenden Tests soll die prinzipielle Funktionsweise des Verschlüsselungsgateway kurz beschrieben werden.

Das Verschlüsselungsgateway nimmt E-Mails von einer Stelle im Netzwerk entgegen und reicht diese an eine andere Stelle im Netzwerk weiter. Diese Funktion erfüllt es bidirektional. Zusätzlich kann das Verschlüsselungsgateway E-Mails signieren, verschlüsseln, entschlüsseln und Signaturen verifizieren (überprüfen). Etwas detaillierter verlaufen diese Vorgänge wie folgt. Das Verschlüsselungsgateway nimmt E-Mails von einem firmeninternen E-Mail Server entgegen. Anhand von einstellbaren Regeln überprüft das Verschlüsselungsgateway, ob die E-Mail verschlüsselt und/oder signiert werden soll und führt gegebenenfalls die entsprechende Aktion aus. Anschließend wird die E-Mail über ein E-Mail Gateway oder direkt über den Internetprovider des Unternehmens an ihren Bestimmungsort weitergesandt. Eingehende E-Mails werden vom Internetprovider bzw. vom E-Mail Gateway entgegengenommen und ebenfalls anhand einstellbarer Regeln geprüft, ob diese verifiziert und/oder entschlüsselt werden sollen. Nach der gegebenenfalls ausgeführten Aktion stellt das Verschlüsselungsgateway die E-Mail an den firmeninternen E-Mail Server zu. Es ist in der Lage, S/MIME- und PGP-Verschlüsselungen durchzuführen. Zusätzlich bietet das Verschlüsselungsgateway eigene CAs für die automatische Erzeugung von Schlüsseln und Zertifikaten (S/MIME und PGP) an. Da diese Funktionalitäten bei der Berliner Volksbank keine Anwendung finden werden, werden diese auch nicht weitergehend betrachtet.

Die Durchführung von Tests dient dazu, zu bestimmen, wie und an welcher Stelle ein solches E-Mail Verschlüsselungsgateway in die IT-Infrastruktur der Berliner Volksbank integriert werden kann. Dabei ist es wichtig zu ermitteln, welche technischen Schnittstellen zum internen und externen Netzwerk eingerichtet und entsprechend geschützt werden müssen. Um diese Informationen zu erhalten, ist es notwendig die IT-Infrastruktur der Berliner Volksbank aus verschiedenen Sichten zu betrachten und verschiedene Integrationsmöglichkeiten zu analysieren. Praktische Tests im Testlabor (Testlab) der Berliner Volksbank sollen die Funktionsfähigkeit des Verschlüsselungsgateways nachweisen.

6.3.1 Technische Infrastruktur der Berliner Volksbank (Sperrvermerk)

Hinweis:

Aufgrund der in diesem Abschnitt enthaltenen sicherheitsrelevanten Informationen über die E-Mail-Infrastruktur der BVB unterliegt dieser einem Sperrmerk. Die Aussagekraft dieser Diplomarbeit wird dadurch nicht beeinträchtigt.

6.3.2 Integrationsmöglichkeiten in die IT-Infrastruktur der Berliner Volksbank (Sperrvermerk)

Hinweis:

Aufgrund der in diesem Abschnitt enthaltenen sicherheitsrelevanten Informationen über die E-Mail-Infrastruktur der BVB unterliegt dieser einem Sperrmerk. Die Aussagekraft dieser Diplomarbeit wird dadurch nicht beeinträchtigt.

6.3.3 Tests

Das Testlab der Berliner Volksbank bildet nicht die produktive E-Mail Infrastruktur der Berliner Volksbank nach. Eine DMZ und ein E-Mail Gateway werden, abweichend vom produktiven Netzwerk, nicht nachgebildet. Eine E-Mail Verbindung sowie eine LDAP-Anbindung in das Internet sind ebenfalls nicht möglich. Lediglich zwei Lotus Notes Mailserver stehen für Testzwecke zur Verfügung. Dadurch begründet werden die Testziele auf einen reinen Funktionsnachweis des Verschlüsselungsgateways beschränkt. Ziel der praktischen Tests ist es, die Gateway-Funktionalität sowie die kryptografischen Funktionalitäten Verschlüsseln, Entschlüsseln, Signieren und Verifizieren nachzuweisen. Die folgenden Kapitel beschreiben das Testumfeld, die durchgeführten Konfigurationen, Tests und deren Ergebnisse.

6.3.3.1 Testaufbau

Bei der Durchführung der Tests soll eine bidirektionale E-Mail Kommunikation zwischen der Berliner Volksbank und einem simulierten externen Kommunikationspartner möglich sein. Der Notes Mailserver 1 übernimmt im Testaufbau die Rolle eines E-Mail Servers der Berliner Volksbank. Alle E-Mails der Berliner Volksbank passieren das Verschlüsselungsgateway 1 und werden an das Verschlüsselungsgateway 2 weitergeleitet. Das Verschlüsselungsgateway 2 ist mit dem Notes Mailserver 2 im Testlab verbunden, welcher die Rolle des E-Mail Servers des externen Kommunikationspartners übernimmt. Abbildung 8 veranschaulicht den beschriebenen Testaufbau.

Abbildung 8: Logische Netzwerkstruktur des Testaufbaus

6.3.3.2 Installation

Die Testversion des SecurE-Mail Gateways wird in Form eines ISO-Images vom Hersteller zur Verfügung gestellt, welches auf CD gebrannt, bootfähig ist. Die Software für das Verschlüsselungsgateway ist untrennbar in ein gehärtetes Linux Betriebssystem integriert. Gehärtet bedeutet, dass das Betriebssystem nur die Funktionalitäten und Werkzeuge bietet, welche für den Betrieb des Verschlüsselungsgateways unbedingt benötigt werden. Zusätzliche Installationen oder anderer Nutzungsmöglichkeiten des Betriebssystems, als die voreingestellten, sind nicht möglich. Für die Testinstallation der zwei Verschlüsselungsgateways sind zwei Standard-PCs der Berliner Volksbank, um eine CDROM-Laufwerk erweitert, ausreichend. Für den Produktivbetrieb ist der Einsatz leistungsfähigerer Computer notwendig.

Die wichtigsten Punkte, welche bei der Installation zu beachten sind, werden im Folgenden aufgeführt. Weitere Details und eine Schritt für Schritt Anleitung sind den erstellten Testprotokollen zu entnehmen. Bevor mit der Installation begonnen werden kann, sind einige BIOS-Konfigurationen vorzunehmen. Alle nicht genutzten Schnittstellen, wie serielle und parallele Ports, Game-Port, Soundkarte sowie Remote-Funktionalitäten wie Wake on LAN sind zu deaktivieren. Die Bootoptionen müssen das Booten vom CDROM-Laufwerk und von der Festplatte zulassen. Beide Geräte müssen dazu an jeweils einem IDE Controller die Masterplätze belegen, da ein Booten vom jeweiligen Gerät nur dann möglich ist. Ein nachträgliches Umstecken bzw. Umkonfigurieren (Jumpern) der Geräte ist nicht möglich. Nach der Speicherung der geänderten BIOS-Konfiguration ist die CDROM mit dem ISO-Image in das CDROM-Laufwerk einzulegen und der Rechner neu zu starten. Die Installation beginnt mit der Abfrage der Testlizenzdatei (Kapitel 6.3), welche auf einer Diskette vor Installationsbeginn zu speichern ist. Im weiteren Verlauf der Installation sind der Hostname des Rechners, der Netzwerkkarte sowie deren IP-Adresse anzugeben. Das Verschlüsselungsgateway wird nach Abschluss der Installation über eine Webansicht von einem entfernten Rechner konfiguriert und administriert. Dazu sind ein Anmeldename und -passwort anzugeben. Die Webseite zur Administration des Verschlüsselungsgateways wird über eine SSL-Verbindung vom Browser des entfernten Rechners aus abgerufen. Die dafür benötigten Zertifikate werden bei der Installation erstellt und auf einer Disketten gespeichert. Die Installationsroutine führt alle Kopier- und Konfigurationsvorgänge automatisch durch und fährt den Rechner nach Abschluss der Installation runter. Abschließend ist die Bootfähigkeit des CDROM-Laufwerkes im BIOS zu deaktivieren. Das Verschlüsselungsgateway kann nun an seinen Bestimmungsort verbracht und in das Netzwerk eingehängt und eingeschaltet werden.

Die Konfiguration des Verschlüsselungsgateways erfolgt am PC eines Administrators. Bevor die Webseite abgerufen werden kann, muss die Webseite „https://<hostname>" als vertrauenswürdige Site im Internet Explorer eingestellt, Scripting für JavaApplets sowie SSL 3.0 Verschlüsselung aktiviert werden. Der Platzhalter <hostname> ist durch den Hostname des Verschlüsselungsgateways zu ersetzen. Das während der Installation erstellte und auf Diskette gespeicherte Client-Zertifikat für die SSL-Verschlüsselung muss im Browser installiert werden. Die Webseite kann dann über die Internetadresse „https://<hostname>:59/" abgerufen werden. Die Konfiguration für den Internet Explorer bzw. des Netscape Navigator sind in den Testprotokollen detailliert beschrieben. Als nächster Schritt folgt die Konfiguration des Verschlüsselungsgateways.

6.3.3.3 Netzwerkkonfiguration

Die in Kapitel 6.3.3.1 vorgestellte logische Netzwerkstruktur des Testaufbaus wird im Testlab durch die in Abbildung 9 dargestellte reale Netzwerkstruktur abgebildet.

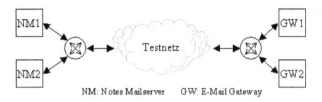

Abbildung 9: Reale Netzwerkstruktur des Testaufbaus

Die beiden Notes Mailserver befinden sich auf einer physischen Maschine innerhalb eines virtuellen Netzwerkes (VLAN), welches durch einen Router begrenzt wird. Die beiden Verschlüsselungsgateways befinden sich ebenfalls in einem VLAN, begrenzt durch einen weiteren Router. Die beiden Router verbinden die beiden VLANs innerhalb des Testnetzes. Bei der Durchführung der Tests sollen die E-Mails den Weg vom Notes Mailserver 1 über das Verschlüsselungsgateway 1 über das Verschlüsselungsgateway 2 an den Notes Mailserver 2 und zurück nehmen. Dazu waren vom technischen Dienstleister, der FIDUCIA AG, folgende Konfigurationen an den Notes Mailservern vorzunehmen. Der Notes Mailserver 1 darf E-Mails nur an der Verschlüsselungsgateway 1 versenden und von dort empfangen. Der Notes Mailserver 2 darf E-Mails nur an der Verschlüsselungsgateway 2 versenden und von dort empfangen. Der direkte Austausch von E-Mails zwischen den beiden Notes Mailservern, wie er derzeit möglich ist, muss unterbunden werden. Auf den Notes Mailservern sind jeweils ein E-Mailkonto für jeweils einen Dummy-User einzurichten.

Die Netzwerkkonfiguration der Verschlüsselungsgateways erfolgt wie folgt. Im Webmanagement des Verschlüsselungsgateways ist nach der Anmeldung der Menüpunkt „Netzwerk" auszuwählen. Unter dem Reiter „Allgemein" ist im Texteingabefeld „Routing" das Standardgateway (der Router des entsprechenden VLANS) durch den Eintrag von *default* in der ersten Spalte und der dazugehörigen IP-Adresse in der zweiten Spalte einzutragen. Im Texteingabefeld „DNS" ist für jeden Server des Domain Name Services (DNS) die Netzwerk-Domaine in der ersten Spalte und die IP-Adresse des DNS-Servers in die zweite Spalte einzutragen. In die nächste Zeile ist in der ersten Spalte die Netzwerkadresse und in der zweiten Spalte die IP-Adresse des DNS-Servers einzutragen. Das Verschlüsselungsgateway ist durch diese Einträge in der Lage Hostnamen nach IP-Adressen und umgekehrt vom DNS-Server auflösen zu lassen. Im Texteingabefeld „DNS/Domain" unter dem Reiter „Details" können Namensauflösungen direkt eingetragen werden. Dies ist nur zu empfehlen, wenn kein DNS-Server im Netzwerk bzw. bestimmte Hosteinträge im DNS nicht vorhanden sind.

6.3.3.4 SMTP / ESMTP

Für das Verständnis der ESMTP-Konfiguration ist es notwendig, das Simple Mail Transfer Protocol (SMTP) und Extended SMTP (ESMTP) kurz zu betrachten. Das SMTP wurde 1982 von einer Gruppe Studenten im RFC 821 beschrieben und regelt den Austausch zweier Nachrichten zwischen verschiedenen Rechnersystemen [RFC 821]. Es basiert auf dem TCP/IP Protokoll und nutzt standardgemäß den Port 25. Das dazugehörige Nachrichtenformat wurde im RFC 822 beschrieben [RFC 822]. Es legt fest, dass eine E-Mail aus einem Header, mit verschiedene Informationen zur E-Mail, und einem Body, mit dem Inhalt der E-Mail, bestehen muss. Das SMTP umfasst nur acht Befehle. Will ein Message Transfer Agent (MTA) eine Nachricht versenden, meldet sich dieser beim Empfänger MTA mit einem *HELLO <hostname>*. Hostname wird durch den Rechnernamen des Sender MTA ersetzt. Nachdem der Empfänger MTA das *HELLO* mit einem Code beantwortet hat, übermittelt der Sender MTA die *MAIL FROM <Adresse>* und *RCPT <Adresse>*, unter der Angabe der Sender- bzw. Empfänger-E-Mail Adresse. Nach Bestätigung der Befehle durch den Empfänger MTA, übermittelt der Sender MTA den Inhalt der E-Mail, eingeleitet durch den *DATA* Befehl. Nach Abschluss der Datenübertragung wird die Verbindung zwischen den MTAs mit dem *QUIT* Befehl getrennt. Die weiteren drei der acht Befehle sind an dieser Stelle nicht von Wichtigkeit und werden nicht erläutert. Das SMTP beschränkt die Datenübertragung auf das 7-Bit-ASCII Format. Um diesen Mangel zu beheben, wurde das ESMTP entwickelt, dessen Befehlsumfang größer als beim SMTP ist, jedoch die Abwärtskompatibilität zum SMTP wahrt. Der Aufbau einer Verbindung mit dem Befehl *EHLO <hostname>* wird vom Empfänger MTA mit der Übermittlung von Informationen über mögliche Funktionalitäten und Beschränkungen, zum Beispiel die maximale E-Mail Größe, beim Nachrichtenaustausch beantwortet. Zudem unterstützt ESMTP die Weiterentwicklung des Nachrichtenformates (RFC 822), wodurch der Einsatz des MIME Nachrichtenformates (Kapitel 4.1.1) ermöglicht wird.

Eine weitere wichtige Funktionalität des SMTP bzw. ESMTP ist das Nutzen von Mail Exchange Records (MX-Record). Sind beim Versenden einer E-Mail der Name des Empfänger MTA und der Domainteil der E-Mail Adresse verschieden, kann über einen speziellen Eintrag im DNS diese Zuordnung hergestellt werden. Dieser Eintrag nennt sich MX-Record und spielt im nächsten Kapitel ein wichtige Rolle.

6.3.3.5 ESMTP-Konfiguration und Mailertable

Wie im vorangegangenen Kapitel beschrieben, setzen die Protokolle SMTP bzw. ESMTP auf die TCP/IP Netzwerkprotokolle auf. Die ESMTP-Konfiguration setzt demnach auf die Netzwerkkonfiguration auf. Sie dient der Einrichtung von ESMTP-Verbindungsregeln. Diese Verbindungsregeln definieren, welche Verbindungen zum Verschlüsselungsgateway zugelassen werden oder nicht. Die definierten Regeln werden vom Verschlüsselungsgateway von speziellen nach allgemeinen Regeln sortiert. Sortierkriterium sind die E-Mail Adressen bzw. E-Mail Domainen der Sender und Empfänger. Bei der Überprüfung einer Verbindung durchläuft das Verschlüsselungsgateway die Verbindungsregeln von oben nach unten. Die erste zutreffende Regel wird auf die zu überprüfende Verbindung angewendet. Trifft keine Regel auf die Verbindung zu, wird diese nicht zugelassen. Implizite Ausnahmen existieren nicht.

Bei der Definition einer Verbindungsregel ist im Webmanagement unter dem Menüpunkt „Dienste" - „ESMTP" im Textfeld „Quelle" die Netzwerkadresse der Verbindungsquelle, zum Beispiel des internen E-Mailservers, anzugeben. Unter „Aktion" lässt sich einstellen, ob die Verbindung erlaubt oder abgelehnt wird. Unter „Benutzer" wird festgelegt, für welche Absender und Empfänger diese Verbindung zulässig / nicht zulässig ist. So können Verbindungen für alle Domainen, für bestimmte Domainen oder einzelne E-Mail Adressen zugelassen bzw. gesperrt werden. Die Adressüberprüfung der E-Mail dient dem Schutz vor Missbrauch des Verschlüsselungsgateways als Relay für Spam-Mail. Unter „Optionen" lassen sich u. a. folgende Detaileinstellungen vornehmen. Beim Einsatz mehrer Netzwerkkarten lassen sich Verbindungen auf eine Netzwerkkarte einschränken, Filter für den E-Mail Header konfigurieren und ESMTP-Befehle protokollieren. Unter dem Reiter „Details" können die allgemeinen Einstellungen zu allen Verbindungsregeln verfeinert werden. Es kann zum Beispiel eingestellt werden, ob eine Überprüfung des E-Mail Empfängers oder Senders per MX-Record Eintrag stattfinden soll oder nicht. Da im Testlab die entsprechenden MX-Record Einträge im DNS nicht vorgenommen worden sind, wird diese Funktion für die Tests deaktiviert. Im produktiven Einsatz sollte diese Überprüfung zugelassen werden, um Angriffe auf das Verschlüsselungsgateway zu erschweren. Weitere Konfigurationsmöglichkeiten beziehen sich auf die zulässige maximale E-Mail Größe, die maximale Anzahl an Empfängern pro E-Mail und die Detailtreue der Protokollierung von Verbindungsinformationen.

Da das Ermitteln der Empfänger einer E-Mail per MX-Record im DNS im Testlab nicht möglich ist, muss dem Verschlüsselungsgateway auf andere Art und Weise mitgeteilt werden, wohin welche E-Mail versandt werden soll. Dazu kann unter dem Menüpunkt „Netzwerk" unter dem Reiter „Mailausgang" eine sogenannte Mailertable konfiguriert werden. In dem Textfeld „Mailertable" kann für jede Sender-Domaine oder für jeden Sender ein Zielhost eingetragen werden, der erreicht werden soll. So ist es möglich, E-Mails gezielt an einen Host zu übertragen und falls notwendig Alternativhosts anzugeben. Für die Integration des Verschlüsselungsgateways in die produktive Infrastruktur der Berliner Volksbank sind diese Einstellungen von Bedeutung, um den Weg einer E-Mail über den Virenscanner festzulegen. Für Testzwecke werden an dieser Stelle die Wege vom jeweiligen Notes Mailserver zum jeweiligen Verschlüsselungsgateway und zurück definiert. Detaillierte Informationen bietet das Sendmail Consortium [Sendmail].

6.3.3.6 SecurE-Mail Konfiguration

SecurE-Mail ist der Name für den Dienst des Verschlüsselungsgateways, welcher für die Verschlüsselung, Signierung, Entschlüsselung und Verifikation von E-Mails zuständig ist. Dazu werden zu jedem Benutzer bzw. zu jeder Benutzergruppe Regeln erstellt, die festlegen, welche Aktionen mit einer E-Mail ausgeführt werden.

Vor der Definition der Regeln ist es notwendig, die privaten Schlüssel der internen Benutzer, in unserem Fall den privaten Schlüssel der Berliner Volksbank, sowie, wenn vorhanden, die Zertifikate der externen Kommunikationspartner zu installieren. Unter dem Menüpunkt „Zertifikate" – „S/MIME" – „Interne Benutzer" erfolgt, durch Auswahl einer Datei mit dem privaten Schlüssel des Benutzers, das Importieren dieses privaten Schlüssels. Unter dem Reiter „Externe Benutzer" können in Dateiform vorliegende Zertifikate von externen Kommunikationspartnern importiert werden. Für den Fall, dass diese Zertifikate nicht in Dateiform vorliegen, lassen sich unter dem Reiter „LDAP" die Adressen der Verzeichnisdienste angeben. Der Import von Zertifikaten externer Kommunikationspartner kann so automatisiert werden, da das Verschlüsselungsgateway in die Lage versetzt wird, Zertifikate Online zu suchen. Abschließend müssen die CA-Zertifikate und CRLs der Zertifizierer unter „Zertifikate" – „Unterzeichner" installiert werden, mit denen die Zertifikate der externen Benutzer vom Verschlüsselungsgateway verifiziert werden. Detaillierte Informationen zur Installation von privaten Schlüsseln und Zertifikaten sind in den Testprotokollen zu finden.

Nach der Installation der privaten Schlüssel und Zertifikate können die Regeln des SecurE-Mail Dienstes unter „Dienste" – „SecurE-Mail" wie folgt eingerichtet werden. Für einen Mitarbeiter der Berliner Volksbank ist seine E-Mail Adresse anzugeben. Ein Klick auf „Interner Benutzer" setzt die Defaultwerte für die Regel. Unter „Optionen" ist für den internen Benutzer (Mitarbeiter) bei „Adresse des Domain-Zertifikates" die E-Mail Adresse „info@berliner-volksbank.de" einzugeben und die Auswahl „Privater Schlüssel" auf „importieren" zu setzen. Anhand der E-Mail Adresse des Anwenders wird der private Schlüssel eines personengebundenen Zertifikates identifiziert. Im Falle der Nutzung eines Unternehmenszertifikates, erfolgt die Identifizierung des privaten Schlüssels anhand der eingegebenen E-Mail Adresse des Domain-Zertifikates. Die Aktionen „signieren" und „verifizieren" sind einzustellen und die Aktion „verschlüsseln" zu verneinen. Für einen externen Kommunikationspartner, an den verschlüsselte E-Mails versand werden sollen, ist unter der gleichen Ansicht ebenfalls die E-Mail Adresse anzugeben und die Defaultwerte für „Externer Benutzer" zu setzen. Unter „Optionen" ist bei „verschlüsseln" „S/MIME" einzustellen bzw. „Subject, default S/MIME". Ein interner Benutzer ist so in der Lage, per Befehlseingabe in die Betreffzeile einer E-Mail das Verschlüsselungsgateway zu steuern. Er kann bestimmen, ob eine E-Mail signiert und verschlüsselt wird oder nicht. Ohne Eingabe von Befehlen wird vom Verschlüsselungsgateway die Default Aktion ausgeführt. Der Sinn der Nutzung dieser Funktion bei der Berliner Volksbank ist zu überprüfen, da dies auf eine Schulung der Anwender hinausläuft. Setzt der externe Kommunikationspartner ein Unternehmenszertifikat ein, so kann für die E-Mail Adresse dieses Partners „*@kommunikationspartner.de" eingegeben werden und bei „Domain-Zertifikat" die E-Mail Adresse des entsprechenden Zertifikates. Dann werden alle E-Mails an diesen externen Kommunikationspartner automatisch verschlüsselt. Für die Berliner Volksbank sinnvolle Konfigurationsvarianten sind im Anhang IV zu finden und werden dort erläutert. Dieser Dienst ist der einzige Dienst, welcher regelmäßig konfiguriert werden muss. Die In den Kapiteln 6.3.3.2 bis 6.3.3.5 beschriebenen Konfigurationen sind einmalig durchzuführen. Gründe für eine erneute Konfiguration des SecurE-Mail Dienstes sind das Ergänzen bzw. Löschen von Regeln bei

Veränderung von Angestelltenverhältnissen bzw. bei Veränderungen beim externen Kommunikationspartner. Dazu ist es sinnvoll entsprechende Geschäftsprozesse aufzusetzen, welche es einem Mitarbeiter ermöglichen, das Hinzufügen, das Ändern oder das Löschen von Regeln zu beantragen. Es ist Vorstellbar, ein Formular mit allen möglichen Situationen zu entwickeln, auf dem der Mitarbeiter die auf ihn passende ankreuzt. Ein Beispiel: „Ich, xyz@berliner-volksbank.de kommuniziere verschlüsselt mit zyx@kommunikationspartner.de dessen E-Mail Adresse sich auf abc@kommunikationspartner.de geändert hat". Der Administrator schließt daraus, dass die E-Mail Adresse und das Zertifikat des externen Kommunikationspartners bei der entsprechenden Regel anzupassen sind.

6.3.3.7 Testszenario

Nach Abschluss der Konfigurationen an den Verschlüsselungsgateways werden die im Folgenden beschriebenen Tests durchgeführt. Die Kommunikation per E-Mail erfolgt immer zwischen den Testanwendern Notes.Migration2@berliner-volksbank.de und Notes.Migration3@bvb-test2.de. Der Einfachheit halber werden diese User 1 bzw. User 2 benannt.

Die erste Gruppe Tests führt den praktischen Nachweis der Gateway-Funktionalität des Verschlüsselungsgateways. Der Nachweis wird bei der Durchführung aller Tests durch die Überprüfung der Log-Informationen der Verschlüsselungsgateways und das erfolgreiche Versenden der E-Mails erbracht. Für die Durchführung der Tests der ersten Testgruppe werden zu Beginn alle Verschlüsselungsregeln gelöscht (SecurE-Mail Konfiguration) und nur allgemeine Verbindungsregeln definiert (ESMTP-Konfiguration). Die allgemeinen Verbindungsregeln lassen das Versenden von E-Mails von jeder Quelle zu jedem Ziel zu. Unter „Dienste" – „ESMTP" sind für jede Verbindungsregel bei „Benutzer" für „Empfänger" und „Sender" das „*" einzutragen. Alle anderen Konfigurationen bleiben bestehen. Das Versenden von E-Mails von User 1 zu User 2 soll den Nachweis erbringen, dass das Verschlüsselungsgateway E-Mails, welche keine kryptografische Behandlung erfahren, an ihren Bestimmungsort weiterleitet. Der zweite Test dieser Testgruppe wird wie der erste Test durchgeführt. Abweichend davon werden an den Verschlüsselungsgateways die Sender- / Empfänger-Domainen auf berliner-volksbank.de / bvb-test2.de bzw. bvb-test2.de / berliner-volksbank.de bei den Verbindungsregeln eingeschränkt. Bei erfolgreichem Verlauf dieses Tests wird als drittes auf dem Verschlüsselungsgateway 2 das Versenden an berliner-volksbank.de unterbunden, alle anderen Verbindungen jedoch zugelassen. Wird auch dieser Test erfolgreich abgeschlossen, wurde der Nachweis erbracht, dass das Verschlüsselungsgateway für den Versand von E-Mails Verbindungen ermöglichen ggf. auch blockieren kann.

Die zweite Testgruppe umfasst Tests, welche die kryptografischen Funktionalitäten des Verschlüsselungsgateways Signieren, Verschlüsseln, Entschlüsseln und Verifizieren nachweisen sollen. Dazu werden die zugelassenen Verbindungen nicht beschränkt. Der erste Test der zweiten Testgruppe betrachtet die kryptografischen Funktionalitäten aus der Sicht einer ausgehenden E-Mail. Es werden nacheinander das automatische Signieren und Verschlüsseln per S/MIME Verschlüsselung sowie die manuelle Steuerung des Verschlüsselungsgateways per Befehlseingabe in die Betreffzeile der E-Mail getestet. Der Empfänger erhält die E-Mail ohne weitere kryptografische Behandlung, so-dass die Verschlüsselung auch visuell nachgewiesen werden kann. Der Inhalt der E-Mail dürfte beim Empfänger nur als eine sinnlose Ansammlung von Zeichen, als Chiffretext, sichtbar werden. Der zweite Test betrachtet den umgekehrten Weg der E-Mail. Die eingehende E-Mail soll entschlüsselt und die anhängige Signatur des Kommunikationspartners verifiziert werden. Zusätzlich zu den unbe-dingt erforderlichen Funktionalitäten des Verschlüsselungsgateways wird in der zweiten Testgruppe der Einsatz der Subject-Steuerung getestet. Diese spezielle Funktionalität ermöglicht es dem internen Benutzer, das Verschlüsselungsgateway durch die Eingabe von Befehlen in die Betreffzeile der zu versendenden E-Mail zu steuern.

6.3.3.8 Problembehandlung

Während der Durchführung der Tests traten verschiedene Probleme auf, deren Lösungen in diesem Kapitel beschrieben werden. Einer Wiederholung der problemauslösenden Fehler in der Umsetzungs-phase soll dadurch vorgebeugt werden. Die Beschreibung erfolgt chronologisch von der Installation bis hin zur Betrieb des Verschlüsselungsgateways.

Vor der Installation des Verschlüsselungsgateways sind zwei DOS-formatierte Disketten be-reitzulegen. Diese dienen der Speicherung der SSL-Zertifikate für das Webmanagement sowie der privaten Schlüssel und Zertifikate der S/MIME- und PGP-CA des Verschlüsselungsgateways. Die Hardwarekonfiguration des Computers auf welchem das Verschlüsselungsgateway installiert wird, sollte nach der Installation nicht mehr verändert werden. Dies betrifft insbesondere die Anordnung der Laufwerke an den IDE- bzw. SCSI-Controllern. Ein Austausch von Wechseldatenträgerlaufwerken ist aber möglich. Bei der Einrichtung der Browser für die Nutzung des Webmanagements ist auf eine korrekte Einstellung der Proxy-Informationen zu achten, da sonst ein Aufruf des Webmanagements per URL „https://<hostname>:59/" erfolglos sein könnte. Der Aufruf per „https://<IP-Adresse>:59/" sollte jeder Zeit möglich sein. Wird das Webmanagement am Tag der Installation des Verschlüsse-lungsgateways zum ersten Mal aufgerufen, erscheint ein Warnhinweis, dass das SSL-Zertifikat abge-laufen bzw. noch nicht gültig sei. Dieser Warnhinweis kann ignoriert und durch Klick auf „Ja" ge-schlossen werden. Von dem Browser wird ein Zertifikat erst einen Tag nach dessen Erstellung als gültig betrachtet. Das Webmanagement ist trotz der scheinbaren Ungültigkeit des SSL-Zertifikates vollständig einsatzfähig. Während der Testphase fand beim Hersteller ein Release-Wechsel des Verschlüsselungsgateways statt. Bei der Installation des neuen Release wurde die alte Testlizenzdatei verwendet und durch die Installationsroutine akzeptiert. Nach Abschluss der Konfiguration des Verschlüsselungsgateways sollte dieses vom Betriebszustand „Alle Verbindungen blockieren" auf „Betrieb Gateway" geschaltet werden. Der Zustandswechsel wurde initialisiert, jedoch nicht durchge-führt. Nach einigen Sekunden erfolgte durch das Verschlüsselungsgateway eine automatische Um-schaltung auf den Betriebszustand „Alle Verbindungen blockieren". Die Nachfrage beim Hersteller ergab, dass für dieses Release eine andere Testlizenz notwendig war, welche problemlos nachinstal-liert werden konnte.

Für die Fehlersuche bei Konfiguration und Betrieb des Verschlüsselungsgateways existieren drei Möglichkeiten auf Log-Informationen zuzugreifen. Zum einen integriert das Webmanagement eine Zugriffsmöglichkeit per Telnet. Dabei ist darauf zu achten, dass sich die ausführbare Datei *telnet.exe* in einem der unter der Windows Systemvariable *PATH* gespeicherten Systempfade befindet. Dies ist bei einigen Technologie-Sets für Standardarbeitsplätze der Berliner Volksbank nicht der Fall. Eine Anpassung der *PATH*-Variable oder das Kopieren der *telnet.exe* in einen der Systemordner behebt dieses Problem. Die beiden anderen Möglichkeiten bestehen darin, sich direkt oder per Secure Shell (SSH) am Verschlüsselungsgateway anzumelden und das Programm *log2ascii* zu verwenden. Durch Angabe verschiedener Parameter lässt sich die Ausgabe der Log-Informationen von *log2ascii* beeinflussen. Weitere Informationen zu den Parametern sind durch die Eingabe von *log2ascii --help* zu erfahren. Die Rechnerschlüssel für SSH befinden sich auf der gleichen Diskette wie die SSL-Zertifikate für das Webmanagement.

6.3.4 Testergebnisse

Die Tests unterlagen anfänglich einer Einschränkung. Es war möglich, E-Mails zu versenden, jedoch nicht diese wieder zu empfangen. Begründet war diese Einschränkung durch die bestehende Konfiguration der Notes Mailserver. Die Änderung dieser Konfiguration stand nicht in einem direkten Zusammenhang mit den Tests der Verschlüsselungsgateways. Aus diesem Grund wird an dieser Stelle auf eine nähere Betrachtung der Konfigurationsänderung verzichtet. Vom technischen Dienstleister der Berliner Volksbank wurde zugesichert, dass eine Anpassung der Konfiguration der Notes Mailserver an die Testbedingungen möglich ist, jedoch noch einiger Veränderungen bedurfte. Um den Beginn der Tests nicht weiter zu verzögern, wurden diese Tests zu Beginn unter den eingeschränkten Möglichkeiten durchgeführt.

Die erste Testgruppe sollte den Nachweis der E-Mail Gateway-Funktionalität der Verschlüsselungsgateways führen. Dazu wurde der ESMTP-Dienst so konfiguriert, dass das Verschlüsselungsgateway 1 E-Mails aus dem VLAN der E-Mail Server annimmt. Die Empfänger- und Sender-Domainen konnten beliebig sein. Das Verschlüsselungsgateway 2 wurde so konfiguriert, dass es E-Mails aus dem VLAN, in welchem die Verschlüsselungsgateways organisiert waren, annimmt. Beliebige Empfänger- und Sender-Domainen waren zulässig. Das Verschlüsselungsgateway 2 sollte die E-Mails nach dem Empfang für einen weiteren versandt vorhalten, der aus den genannten Gründen vorerst nicht möglich war. Zu Beginn der Tests blieben alle E-Mails in der Mail-Queue des Verschlüsselungsgateway 1 hängen, da das für das Versenden der E-Mails zuständige Programm „sendmail" auf Grund fehlender DNS-Einträge im Testlab die Empfänger-Domaine berliner-volksbank.de nicht auflösen konnte. Ein Nachtrag in der Hosttabelle des Verschlüsselungsgateway 1 behob das Problem. In der Produktivumgebung sollte dieses Problem nicht auftreten, da sich das Verschlüsselungsgateway der vollständigen DNS-Einträge des Produktivnetzes bedienen kann. Nachdem der manuelle Eintrag erfolgt war, konnten die E-Mails problemlos an das Verschlüsselungsgateway 2 weitergesandt werden. Als nächster Schritt wurde der ESMTP-Dienst so angepasst, dass nur die Domainen berliner-volksbank.de und bvbtest2.de als Empfänger- bzw. Sender-Domaine zugelassen waren. Auch das erneute Versenden von E-Mails verlief erfolgreich. Der umgekehrte Fall, dass Blockieren von E-Mails, sollte ebenfalls geprüft werden. Dabei wurde für die Empfänger-Domaine eine zu berliner-volksbank.de verschiedene eingetragen und berliner-volksbank.de entfernt. Das Verschlüsselungsgateway blockierte alle Verbindungen, welche an berliner-volksbank.de gerichtet waren. Mit diesen Ergebnissen wurde die erste Testgruppe erfolgreich abgeschlossen.

Die zweite Testgruppe diente der Überprüfung der Kernfunktionalitäten des Verschlüsselungsgateways, den kryptografischen Funktionalitäten. Dafür standen für die zwei Test-Domainen berliner-volksbank.de und bvb-test2.de zwei Unternehmenszertifikate des Zertifizierers D-Trust GmbH zur Verfügung. Beide Zertifikate wurden jeweils auf „info@<Domain>.de" ausgestellt. Der ESMTP-Dienst der Verschlüsselungsgateways wurde auf die Einstellungen der zweiten Testreihe der ersten Testgruppe konfiguriert (Einschränkung der zugelassenen Verbindungen auf die Test-Domainen). Auf dem Verschlüsselungsgateway 1 wurde das Zertifikat der D-Trust Test-CA, das Zertifikat des Unternehmenszertifikates „info@berliner-volksbank.de" sowie der private Schlüssel des Unternehmenszertifikates „info@bvb-test2.de" installiert. Das Verschlüsselungsgateway 2 erhielt ebenfalls das Zertifikat der D-Trust Test-CA, die beiden anderen Zertifikate jedoch mit vertauschten Vorzeichen. Das heißt, den privaten Schlüssel des Unternehmenszertifikates „info@berliner-volksbank.de" und das Zertifikat des Unternehmenszertifikates „info@bvb-test2.de". Der Dienst SecurE-Mail, welcher für das Signieren, Verschlüsseln, Entschlüsseln und Verifizieren zuständig ist, wurde auf dem Verschlüsselungsgateway 1 wie folgt konfiguriert. User 2 erhielt die Standardeinstellungen für interne Benutzer. Im Feld „Adresse des Domain-Zertifikates" wurde die E-Mail Adresse „info@bvb-test2.de" eingetragen. Wenn der User 2 Absender ist, soll die E-Mail immer signiert werden. Ist User 2 Empfänger, so ist die Signatur der empfangenen E-Mail, falls vorhanden, zu verifizieren. User 1 erhielt die Standardeinstellungen für externe Benutzer. Ist User 1 Absender so ist vom Verschlüsselungsgateway 1 keine Aktion auszuführen. Empfängt User 1 die E-Mail, so soll das Verschlüsselungsgateway 1 die E-Mail verschlüsseln. Auf dem Verschlüsselungsgateway 2 wurden die auszuführenden Aktionen für die User 1 und 2 genau vertauscht. Auf diese Art und Weise wurde realisiert, dass E-Mails auf dem Verschlüsselungsgateway 1 signiert und verschlüsselt und nach dem Empfang auf Verschlüsselungsgateway 2 verifiziert und entschlüsselt wurden. Sender ist dabei User 2 mit der E-Mail Adresse Notes.Migration3@bvb-test2.de und Empfänger ist User 1 mit der E-Mail Adresse Notes.Migration2@berliner-volksbank.de. Für die Prüfung der Subject-Steuerung erhielt User 2 die Berechtigung diese zu nutzen. Für die gesteuerte Verschlüsselung, wurde dem Betreff in der Betreffzeile der E-Mail der Befehl {crypt} vorangestellt. Die geschweiften Klammern dienen dem Verschlüsselungsgateway als Delimitter. Für das gesteuerte Signieren diente der Befehl sign und für das Steuern beider Aktionen der Befehl trust. Der Befehl wird vom Verschlüsselungsgateway automatisch entfernt. Das Verschlüsselungsgateway kann so konfiguriert werden, dass es eine Standardaktion ausführt, welche durch Befehle der Subject-Steuerung übersteuert werden kann. Eine weitere Möglichkeit besteht darin, das Verschlüsselungsgateway keine Aktion ausführen zu lassen und nur die Subject-Steuerung zu verwenden. Diese Einstellung sind für jeden internen Benutzer konfigurierbar. Die Durchführung aller Tests verlief erfolgreich. Die Log-Informationen der zwei Verschlüsselungsgateways zeigten an, dass die versendeten E-Mails signiert und verschlüsselt wurden und anschließend vom zweiten Verschlüsselungsgateway verifiziert und wieder entschlüsselt wurden. Zwischenzeitlich gelang es dem technischen Dienstleister die Notes Mailserver so zu konfigurieren, dass das Versenden vom Notes Mailserver 2 über die Verschlüsselungsgateways zum Notes Mailserver 1 möglich sein sollte. Die E-Mails konnten auch erfolgreich versendet werden und erreichten die entsprechende Mailbox des Users 1. Dabei wurde ein Detail festgestellt, dessen Auswirkungen im nächsten Kapitel beleuchtet werden.

6.3.5 Projektanpassung

Die bei der Durchführung der Tests empfangenen E-Mails, entschlüsselt und verifiziert, konnten problemlos gelesen werden und wiesen keine Besonderheiten auf. Der Absender enthielt jedoch neben der Absender E-Mail Adresse zusätzlich die E-Mail Adresse „info@bvb-test2.de" des Unternehmenszertifikates. Dies erklärte die an den Verschlüsselungsgateways erscheinende Log-Information „Use ‚info@bvb-test2.de' as From: Sender: and Replay To:". Notwendig ist der Eintrag, welcher von dem verschlüsselnden und signierenden Verschlüsselungsgateway vorgenommen wurde, um dem entschlüsselnden Verschlüsselungsgateway bzw. Client zu ermöglichen der empfangenen E-Mail das korrekte Zertifikat zuzuordnen. Dies hätte jedoch zur Folge, dass beim Klick auf „Antworten" auch an die E-Mail Adresse des Unternehmenszertifikates eine E-Mail zugestellt werden würde. Nun wäre es sicherlich möglich, eine andere Dummy E-Mail Adresse einzurichten, unter welcher alle eingehenden E-Mails sofort gelöscht würden. Jedoch ergab eine Nachfrage beim Hersteller, dass bei einigen E-Mail Clients (unter anderem Microsoft Outlook) eine verschlüsselte Antwort nur an die E-Mail Adresse des Unternehmenszertifikates zugestellt werden würde und der eigentliche Empfänger, der Mitarbeiter der Berliner Volksbank, diese E-Mail nicht erhalten würde. Dieser Sachverhalt stellt den Sinn eines Unternehmenszertifikates und die dazu in Kapitel 4.2.3.5 benannten Vorteile vollkommen in Frage. Die Konsequenz ist, dass die Verwendung eines Unternehmenszertifikates für die Berliner Volksbank nicht mehr realisierbar ist.

Die Betrachtung von Ausweichmöglichkeiten führte zu zwei praktikablen Lösungsansätzen. Der erste Lösungsansatz sieht vor, personengebundene Zertifikate zu beschaffen und einzusetzen. Der zweite Lösungsansatz nutzt die Möglichkeiten aus, welche das SecurE-Mail Gateway bietet. Es integriert eine komplette CA, die für die Generierung und Zertifizierung von Schlüsseln für die S/MIME- und PGP-Verschlüsselung verwendet werden kann. Der Vergleich der beiden Lösungsansätze ergibt, dass die erste Variante die kostenintensivere, jedoch organisatorisch und rechtlich die vorteilhaftere der beiden Varianten darstellt. So ist es nicht notwendig die CRL der SecurE-Mail CA regelmäßig zu veröffentlichen. Die Zertifikate der Anwender entstammen der D-Trust CA, also einer akkreditierten CA und werden über deren Verzeichnisdienst bereitgestellt. Zudem ist der jetzt eingeschlagene Weg lediglich eine Anpassung des gewählten Konzeptes zur Verschlüsselung von E-Mails. Die Anwendung des zweiten Lösungsansatzes würde einen Wechsel des Konzeptes bedeuten, dessen Auswirkungen in der verbliebenen Bearbeitungszeit schwer einzuschätzen wären. Technisch und organisatorisch ändert sich durch den Einsatz personengebundener Zertifikate wenig. Es ist für jeden Anwender, welcher Signieren bzw. verschlüsselt empfangen möchte, ein personengebundenes Zertifikat zu beschaffen und zu installieren. Bei den Einstellungen in den Verschlüsselungsregeln des SecurE-Mail Dienstes ist das Textfeld „Adresse des Domain-Zertifikates:" freizulassen. Das Verschlüsselungsgateway identifiziert das Zertifikat des Anwenders anhand seiner E-Mail Adresse. Verlässt ein Zertifikats-Inhaber die Bank, so ist darauf zu achten, dass das entsprechende Zertifikat bei der CA gesperrt wird. Ein entsprechender Informationsprozess in der Personalabteilung sollte dafür aufgesetzt werden. Die durchgeführten Tests müssen auf Grund der neuen Situation nicht wiederholt werden. Die Ergebnisse der Tests behalten ihre Gültigkeit.

7 Ergebnisse

7.1 Bewertung

Wenn die Berliner Volksbank die vorgestellte und getestete Lösung für die Verschlüsselung externer E-Mails umsetzt, sind 50 interne Anwender in der Lage, mit einer unbegrenzten Anzahl externer Anwender verschlüsselt zu kommunizieren. Voraussetzung ist, dass der externe Anwender technisch zu einer verschlüsselten E-Mail Kommunikation in der Lage ist. Zusätzlich können elektronische Signaturen erstellt werden, anhand derer der externe Kommunikationspartner in der Lage ist die Integrität des Inhaltes der empfangenen E-Mail zu überprüfen. Authentifizierung und Verbindlichkeit sind auf Grund der Verwendung von personengebundenen Zertifikaten ebenfalls möglich. Die Anzahl der internen Anwender kann jederzeit durch den Zukauf entsprechender Lizenzen und Zertifikate erhöht werden. Das Hauptziel dieser Diplomarbeit, für die Berliner Volksbank eine Möglichkeit zu finden, verschlüsselt per E-Mail kommunizieren zu können, wurde erreicht. Für den produktiven Einsatz dieser Lösung bedarf es noch der Umsetzung.

Die Entscheidung, das gewählte Konzept der zentralen Verschlüsselung unter Einsatz eines Unternehmenszertifikates zu verfolgen, wurde in großer Runde gefällt. An der Entscheidung beteiligt waren Vertreter aus betriebswirtschaftlichen, organisatorischen und technischen Bereichen der Berliner Volksbank. Bei der Betrachtung des Marktes ist zu erkennen, dass diese Entscheidung dem Trend zur „virtuellen Poststelle", das heißt zentralen Verschlüsselung, folgt. Zentrale Komponenten zur Überwachung, Archivierung oder Verschlüsselung von E-Mails finden in den Unternehmen immer breitere Anwendung. Hinführend zu dieser Entscheidung wurde jedes der entwickelten Konzepte anhand von 20 Gesichtspunkten bewertet. Diese Gesichtspunkte umfassten technische, rechtliche, betriebswirtschaftliche sowie organisatorischen Einflussfaktoren. Die Ausführlichkeit des Verfahrens zur Konzeptauswahl diente dem Schutz vor einer Fehlinvestition. Aus betriebswirtschaftlicher und organisatorischer Sicht ist die getroffene Entscheidung für die Anstrebung einer Gateway-Lösung sehr vorteil-

haft. Aus rechtlicher Sicht, in bezug auf das Signaturgesetz, entstehen gewisse Risiken, auf die hingewiesen wurde. Maßnahmen zur Reduzierung dieser rechtlichen Risiken werden im Ausblick (Kapitel
7.2) benannt. Aus organisatorischer Sicht ist anzunehmen, dass sich der Aufwand für die Administration des SecurE-Mail Gateways sehr in Grenzen hält. Dies ist begründet durch die einfache Bedienbarkeit des Verschlüsselungsgateways sowie die Begrenzung der Anwenderzahl auf 50 Anwender. Die
notwendige Anpassung des Konzeptes kurz vor Ende der Bearbeitung des Diplomthemas war notwendig und schützt die Berliner Volksbank vor einer nachträglichen Investition, welche sehr schwer zu
erklären gewesen wäre. Vom Vertriebspartner der Utimaco AG wäre es wünschenswert gewesen, er
hätte früher auf die beschriebenen Probleme hingewiesen, welche der Einsatz eines Unternehmenszertifikates mit sich gebracht hätte. Idealerweise beschränken sich die Veränderungen am Konzept auf die
finanzielle Anpassungen und haben sich kaum auf technische Belange ausgewirkt.

Die Produktauswahl erfolgte hauptsächlich unter dem Eindruck der aktuellen wirtschaftlichen
Lage der Berliner Volksbank. Auf Grund der geringen Anwenderzahl ist das SecurE-Mail Gateway
der Utimaco AG derzeit die preiswerteste Lösung, verglichen mit den Lösungen der Konkurrenz. Bei
deutlicher Erhöhung der Anwenderzahl können die Lizenzkosten des SecurE-Mail Gateways die Lizenzkosten der Konkurrenz übersteigen. Aus rechtlicher und technischer Sicht bietet das SecurE-Mail
Gateway jedoch zwei entscheidende Vorteile. Zum einen können, im Gegensatz Lösung von bone
labs, personengebundene Zertifikate, aus rechtlicher Sicht fortgeschrittene Zertifikate, eingesetzt werden, zum anderen ist eine Verdopplung der Antivirusinfrastruktur, im Gegensatz zur Lösung von
Group Technologies, nicht notwendig. Group Technologies setzt ihre Verschlüsselung an den Lotus
Notes Mailservern an, was eine Ergänzung des Virenschutzes an dieser Stelle notwendig gemacht
hätte. Die Gegenüberstellung dieser Vor- und Nachteile, stellen die gewählte Lösung als die vorteilhafteste Lösung heraus. Insgesamt kann nach erfolgreich durchgeführtem Funktionsnachweis empfoh-
len werden, das SecurE-Mail Gateway der Firma Utimaco AG unter Verwendung von personengebundenen Software-Zertifikaten der Firma D-Trust GmbH, anzuschaffen und in die E-Mail Infrastruktur der Berliner Volksbank zu integrieren.

Bei der Bearbeitung der Diplomarbeit traten einige Probleme auf, welche das Ergebnis der
Diplomarbeit beeinflussten. Zu Beginn der Testphase wurde die E-Mail Infrastruktur der Berliner
Volksbank betrachtet. Dies führte zum Erkennen des beschriebenen Problems der Erhaltung der Re-
dundanz bei der Verwendung eines E-Mail Verschlüsselungsgateways. Eine Betrachtung der E-Mail
Infrastruktur zu einem früheren Zeitpunkt hätte die Frage, wie die Redundanz auch für das E-Mail
Verschlüsselungsgateway erhalten bleibt, früher aufgeworfen. Eine Klärung wäre im Rahmen der Dip-
lomarbeit unter Umständen möglich gewesen, muss nun jedoch in die Umsetzungsphase, welche nicht
Bestandteil der Diplomarbeit ist, verschoben werden. Auf Grund der eingeschränkten technischen
Möglichkeiten des Testlabs der Berliner Volksbank war lediglich ein Funktionsnachweis des
Verschlüsselungsgateways möglich. Hinzu kamen Verzögerungen durch den Release-Wechsel der
Utimaco AG und organisatorische und technische Probleme bei der Anpassung des Testlabs an die
Anforderungen der Tests. So ließen sich drei Tage lang keine Test-User einrichten, da die zuständige

Stelle beim technischen Dienstleister keinen Zugriff auf das Testlab erhielt. In der Summe beliefen sich die Verzögerungen auf vier bis fünf Tage, sodass nur eine geringe Anzahl an Tests möglich war. Weitere Tests, in bezug auf die Sicherheit des Verschlüsselungsgateway, Integration in die Produktivumgebung oder Ausfallszenarien, waren in dem Zeitrahmen für die Bearbeitung der Diplomarbeit nicht mehr möglich. Ebenso wäre es wünschenswert gewesen, zu ermitteln, ob das Sichern von Konfigurationsdateien für eine schnelle Neuinstallation des Verschlüsselungsgateways nach einem eventuellen Ausfall des Verschlüsselungsgateways möglich ist. Die Testergebnisse sind inhaltlich für den Einsatz eines Unternehmenszertifikates und personengebundener Zertifikate gleichermaßen gültig.

7.2 Ausblick

Nach Abschluss dieser Diplomarbeit sind theoretischen Grundlagen zum Thema Kryptografie gelegt. Eine Lösung für die Verschlüsselung von E-Mails wurde gefunden und deren Funktionsfähigkeit nachgewiesen. Folgende Punkte sind für die Umsetzung und Anwendung dieser Lösung zu beachten.

Vor der Umsetzung de Lösung ist zu klären, wie die Redundanz der E-Mail Infrastruktur der Berliner Volksbank gewahrt bleibt. Die FIDUCIA AG signalisiert bereits die prinzipielle Bereitschaft, ein redundantes Verschlüsselungsgateway in die Ausweichroute der Berliner Volksbank zu integrieren. Zuvor ist zu prüfen, wie die Ausweichroute, welche die Standardroute der FIDUCIA AG und anderer von der FIDUICA AG betreuter Banken ist, durch das Verschlüsselungsgateway beeinflusst werden kann und ob diese Einflüsse vertretbar sind. Dazu sind unter anderem Performance-Tests notwendig. Mit dem Hersteller, der Utimaco AG, ist zu vereinbaren, wie die Kosten für die Ausfalllösung des Verschlüsselungsgateways zu gestalten sind. Unverbindlich wurde vom Vertriebspartner der Utimaco AG, der Walther-EDV, angegeben, dass die Grundkosten für das zweite Verschlüsselungsgateway auf jeden Fall anfallen, über die Lizenzkosten für Anwenderlizenzen verhandelt werden kann. Während der Umsetzungsphase ist detailliert zu klären, wie das Verschlüsselungsgateway in die E-Mail Infrastruktur der Berliner Volksbank zu integrieren ist. Die folgenden Fragen sind unter anderem zu beantworten. Soll das Verschlüsselungsgateway nur kryptografische Funktionalitäten verwenden oder gegebenenfalls Verbindungen blockieren? Wer wird bei Problemen des Verschlüsselungsgateways von diesem per E-Mail informiert? Die vereinbarten Servicelevel für den Betrieb der E-Mail Infrastruktur der Berliner Volksbank mit der FIDUCIA AG sind den neuen Begebenheiten anzupassen. Während der Umsetzungsphase ist eine Möglichkeit zu entwickeln, wie das verschlüsselte Kommunizieren per E-Mail mit den externen Kommunikationspartnern initialisiert werden kann. Prozesse für die Einrichtung, Anpassung und Löschung von Verschlüsselungsregeln sind bei der Berliner Volksbank und mit der FIDUCIA AG aufzusetzen. Prozesse, welche die FIDUCIA AG betreffen, müssen vertraglich fixiert werden. Die Verlängerung der Gültigkeit der personengebundenen Zertifikate muss jeweils einmal im Jahr bei der D-Trust GmbH beauftragt werden. Ein entsprechender Geschäftsprozess ist dafür aufzusetzen. Dazu ist es sinnvoll, alle Zertifikate zum gleichen Termin zu bestellen. Es ist zu empfehlen, mit der Utimaco AG einen Servicevertrag abzuschließen, um regelmäßig mit den aktuellen Updates versorgt zu werden. Ein wichtiger Punkt sind die Mitarbeiter, welche eine entsprechend aufbereitete Anleitung für die Beantragung der Einbeziehung in die E-Mail Ver-schlüsselung und eine kurze Einführung in die Funktionsweise des System erhalten sollten. Es ist e-benso vorstellbar, im Intranet für die Mitarbeiter eine Liste mit den externen Kommunikationspartner, mit welchen verschlüsselt kommuniziert werden kann, bereitzustellen. Die verschlüsselnden Mitarbei-ter sind darüber aufzuklären, dass die elektronische Signatur, in der angewandten Form, nicht dafür geeignet ist Rechtsverbindlichkeiten einzugehen. Ein Disclaimer, welcher vom Notes Mailserver der E-Mail beigefügt wird, könnte den Empfänger darauf hinweisen, dass die elektronische Signatur ledig-lich der Integritätsprüfung des Inhaltes der E-Mail dient.

Bei zukünftigen Betrachtungen zum Thema E-Mail Infrastruktur der Berliner Volksbank ist anzuraten, das Thema E-Mail Verschlüsselung mit einzubeziehen. So kann erreicht werden, dass in einiger Zukunft ein bankweiter Einsatz von E-Mail Verschlüsselung ermöglicht wird. Dazu sind je-doch die Entwicklungen des Verschlüsselungsmarktes und der Verschlüsselungsthematik bei den Bundesbehörden zu beobachten und eine noch deutlichere Entwicklung von Trends abzuwarten. Die Erfahrungen, welche durch den Einsatz eines Verschlüsselungsgateways gesammelt werden, sind auf jeden Fall für eine eventuelle Ausweitung der E-Mail Verschlüsselung auf die Gesamtbank dienlich und sollten auch der FIDUCIA AG und dem Genossenschaftsverband zur Verfügung gestellt werden.

7.3 Zusammenfassung

Zu Beginn der Bearbeitung dieser Diplomarbeit wurde ein Konzept und ein Zeitplan für die Vorge-hensweise zur Bearbeitung des Diplomarbeitthemas erstellt. Die durch das Konzept definierten inhalt-lichen und zeitlichen Vorgaben wurden bei der Bearbeitung des Diplomthemas eingehalten. Als ein Ergebnis dieser Diplomarbeit ist zu nennen, dass die Berliner Volksbank heute über umfangreiche Kenntnisse zum Thema Kryptografie im Allgemeinen verfügt. Dazu wurden in der ersten Phase der Bearbeitung des Diplomthemas theoretische Grundlagen gelegt. Diese umfassen Kenntnisse über den Sinn und Zweck der Kryptografie, wobei sich schnell herausstellte, dass heutzutage nicht das Ver-schlüsseln, sondern das Signieren von Daten im Vordergrund steht. Vordergründig wurden symmetri-sche und asymmetrische kryptografische Verfahren, die Verfahren zum Verschlüsseln und Signieren, erklärt. Die Erklärungen wurden begleitet von konkreten Beispielen und Sicherheitsaspekten, welche beim Einsatz kryptografischer Verfahren zu beachten sind. Im Speziellen wurden Kenntnisse für die Verschlüsselung von E-Mails erarbeitet. Diese Kenntnisse umfassen Public Key Infrastrukturen, E-Mail Verschlüsselungsstandards sowie Entwicklungen bzw. Trends bei der Anwendung bestimmter E-Mail Verschlüsselungsstandards. Die kryptografischen Grundlagen wurden mit aktuellen gesetzlichen Bestimmungen in Verbindung gebracht. Diese beeinflussten maßgeblich die spätere Entscheidung, welches E-Mail Verschlüsselungskonzept von der Berliner Volksbank weiterverfolgt werden sollte. Die theoretischen Grundlagen dienten in der zweiten Phase der Bearbeitung des Diplomthemas der Entwicklung verschiedener E-Mail Verschlüsselungskonzepte. Diese wurden anhand verschiedenster Eigenschaften miteinander verglichen. Für einen rechnerischen Vergleich wurden die Eigenschaften verallgemeinert, für einen Vergleich und die Fällung einer Entscheidung in Form einer Präsentation differenziert betrachtet. Die Entscheidung für eines der Konzepte war die Grundlage für die Produktauswahl. Es wurden Produkte für alle Konzepte benannt und die zum ausgewählten Konzept passenden Produkte diskutiert und verglichen. Die Wahl fiel, aus den in Kapitel 6.2 genannten Gründen, auf das SecurE-Mail Gateway der Firma Utimaco Safeware AG. Die dritte Phase der Bearbeitung des Diplomthemas hatte die Überprüfung der Integrationsmöglichkeit und Funktionsfähigkeit des Verschlüsselungsgateways zum Inhalt. Dazu wurden verschiedene Möglichkeiten zur Integration des Verschlüsselungsgateways in die Produktivumgebung der Berliner Volksbank überprüft und eine sinnvolle ausgewählt. Praktische Tests im Testlab der Berliner Volksbank sollten die Funktionsfähigkeit des Verschlüsselungsgateways nachweisen. Der Funktionsnachweis der E-Mail Gateway-Funktionalitäten und kryptografischen Funktionalitäten konnte erbracht werden. Dabei wurde ermittelt, welche Konfigurationen vorgenommen werden müssen, um E-Mails durch das Verschlüsselungsgateway signieren und verschlüsseln zu lassen. Die Erkenntnisse aus den Tests sind in Testprotokollen niedergeschrieben und sollten während der Umsetzungsphase herangezogen werden.

Literaturverzeichnis

[AlBeu]   Albrecht Beutelspacher; Kryptologie
                 1987 Vieweg & Sohn Verlagsgesellschaft mbH, Braunschweig/Wiesbaden, 3. über-
                 arbeitete Auflage 1993

[BSIMaß]   Frank-Stefan Stumm, Frank Weber; Maßnahmenempfehlungen: Infrastruktur für
                 Zertifizierungsstellen (SigG, SigV), 2002 Bundesamt für Sicherheit in der Informa-
                 tionstechnik, Bonn 2002

[kes1]   Detlef Hühnlein, Yvonne Knosowski; 1000 signiert... Aspekte der qualifizierten
                 „Massensignatur" in: kes, Heft 2/2003, S. 6-9

[kes2]   Pascal Lippert, Lars Tebrügge; Stellvertretung und elektronische Signatur in: kes,
                 Heft 2/2003, S. 10-13

[KlSch]   Schmeh, Klaus; Kryptografie und Public-Key-Infrastrukturen im Internet, 2001
                 dpunkt.verlag GmbH, Heidelberg
                 (2. aktualisierte und erweiterte Auflage 2001)

[PKCS#3]   Anonym; PKCS # 3: Diffie-Hellman Key-Agreement Standard – Version 1.4 RSA
                 Laboratories Technical Note, 1993

[PKCS#7]   Anonym; PKCS # 7: Cryptographic Message Syntax Standard – Version 1.5. RSA
                 Laboratories Technical Note, 1993

[PKCS#10]   Anonym; PKCS # 10 v1.7: Certification Request Syntax Standard. RSA Laborato-
                 ries, 2000

[PKCS#11]   Anonym; PKCS # 11 v2.10: Cryptographic Token Interface Standard. RSA Labora-
                 tories, 1999

[PKCS#12]   Anonym; PKCS # 12 v1.0: Personal Information Exchange Syntax. RSA Laborato-
                 ries, 1999

[PKCS#15]   Anonym; PKCS # 15 v1.1: Cryptographic Token Information Syntax Standard.
                 RSA Laboratories, 2000

[RFC 821]   Jonathan B. Postel: SMTP (Simple Mail Transfer Protocol) RFC 821, 1982

[RFC 822]   David H. Crocker: Standard for the Format of ARPA Internet Text Messages RFC
                 822, 1982

[RFC 1521]   N. Borenstein, N. Feed: MIME (Multipurpose Internet Mail Extensions) Part One:
                 Mechanism for Specifying and Describing the Format of Internet Message Bodies.
                 RFC 1521, 1993

[RFC 2311]   S. Dusse, P. Hoffmann, L. Repka: S/MIME Version 2 Message Specification
                 RFC 2311, 1998

[RFC 2312]   S. Dusse, P. Hoffmann, L. Repka, J. Weinstein: S/MIME Version 2 Certificate
             Handling RFC 2312, 1998

[RFC 2314]   B. Kalinski: PKCS #10: Certification Request Syntax Version 1.5 RFC 2314, 1998

[RFC 2315]   B. Kalinski: PKCS #7: Cryptographic Message Syntax Version 1.5 RFC 2315, 1998

[RFC 2459]   R. Hously, W. Ford, W. Polk, D. Solo; Internet X.509 Public Key Infrastructure
             Certificate and CRL Profile. RFC 2459, 1999

[RFC 2632]   B. Ramsdell, Ed.: S/MIME Version 3 Certificate Handling. RFC 2632, 1999

[RFC 2633]   B. Ramsdell, Ed.: S/MIME Version 3 Message Specification. RFC 2633, 1999

[RFC 2634]   P. Hoffmann, Ed.: Enhanced Security Services for S/MIME. RFC 2634, 1999

[SimSin]   Simon Singh; Geheime Botschaften
             1999 Carl Hanser Verlag, München Wien

[Ulfkot]   Udo Ulfkotte; Marktplatz der Diebe
             1999 C. Bertelsmann, München

Internetverzeichnis

[DFN]   DFN-CERT; Bibliothek - Verschlüsselung
             http://www.dfn-pca.de, letzter Zugriff am 14.05.2003

[DmBen]   Dmitri Bendermann; Socket Secure Layer
             http://atiswww.ira.uka.de/itdienste/ssl/ssl_1.html#top, letzter Zugriff am 22.05.2003

[ChrKir]   Kristian Kirsch; S/MIME vs. OpenPGP Eine Entscheidungshilfe
             http://www.kes.info/archiv/online/01-01-60-SMIMEvsOpenPGP.htm, letzter
             Zugriff 03.06.2003

[Mail]   u. A.; Internet-Einführung, eMail
             http://www.fh-wedel.de/~kl/text/internet_einfuehrung/email.html, letzter Zugriff
             03.06.2003

[Netscape]   Netscape; SSL 3.0 Specification
             http://wp.netscape.com/eng/ssl3/, letzter Zugriff 22.05.2003

[InetFAQ]   Internet FAQ Consortium; Internet RFC/STD/FYI/BCP Archives
             http://www.faqs.org/rfcs/index.html, letzter Zugriff 03.06.2003

[SchMey]   Schinzel, Meyer; Verschlüsselung
             http://mod.iig.uni-freiburg.de/lehre/Ws2001/krypto/VL5.pdf, letzter Zugriff
             21.05.2003

[T-LAN]   T-LAN Kompendium; IT Fachbegriffe Lexikon
             http://www.t-lan.de/glossar/glossar.asp, letzter Zugriff am 27.05.2003

[Sendmail]   Sendmail Consortium; "Using Mailertables"
             http://www.sendmail.org/m4/mailertables.html, letzter Zugriff am 23.06.2003

[TrCent]   TC TrustCenter AG; Movie „Using Internet Security"
             http://www.trustcenter.de/set_de.htm, letzter Zugriff am 27.05.2003

[Utimaco]   Utimaco Safeware AG; Download Testversion SecurE-Mail Gateway
             http://www.utimaco.de/ger/content_products/product_download.html, letzter
             Zugriff 11.06.2003

Anhang

I   Anwendergespräch zum Einsatz von E-Mail bei der Berliner Volksbank

(Die erfassten Daten werden ausschließlich für die Bearbeitung einer Diplomarbeit zum Thema E-Mail Verschlüsselung bei der BVB verwendet. Die Daten werden anonymisiert ausgewertet!)

Lfd.-Nr.: _____   Abteilung: _____

1. Welches sind die vier wichtigsten externen E-Mail Kommunikationspartnern?

1. _____   geschätzte Gesamtzahl externer E-Mail
2. _____   Kommunikationspartner:
3. _____
4. _____   _____

2. Welche E-Mail Software nutzt der externe Kommunikationspartner? (wenn bekannt)

1. _____
2. _____
3. _____
4. _____

3. Setzt der externe Kommunikationspartner Verschlüsselungssoftware ein? (wenn bekannt)

1. _____
2. _____
3. _____
4. _____

4. Wie häufig kommunizieren Sie mit den vier Kommunikationspartner per E-Mail?

_____

5. Benennen Sie in der nachfolgenden Tabelle bitte die Art der ausgetauschten Daten (Kreditkartendaten, Verträge, Angebote, ...). Bewerten Sie die im Tabellenkopf stehenden Eigenschaften der Daten mit den Begriffen nicht wichtig / wichtig / sehr wichtig. Eine genauere Beschreibung der Eigenschaften finden Sie unter der Tabelle.

Eigenschaftentabelle:

Nr.	Daten	Vertr.	Authentif.	Verschlüssel.
1.				
2.				
3.				
4.				
5.				
6.				
7.				
8.				
9.				
10.				
11.				
12.				
13.				
14.				
15.				

Erläuterung zu den Eigenschaften der genannten Daten:

Vertraulichkeit   →   Wie vertraulich sind die auszutauschenden Daten einzustufen?

Authentifizierungsbedürfnis   →   Wie hoch schätzen Sie die Notwendigkeit ein, dass sich die Kommunikationspartner gegeneinander authentifizieren müssen?

Verschlüsselungsbedürfnis   →   Wie hoch schätzen Sie die Notwendigkeit ein, dass die übertragenen Daten verschlüsselt, d.h. vor fremden Zugriff geschützt, werden müssen?

6. Ist Ihnen bekannt, ob ein externer Kommunikationspartner den Austausch von Informationen per E-Mail, auf Grund fehlender Verschlüsselungsmöglichkeiten seitens der BVB, abgelehnt hat?

Ja / Nein   wenn ja, welcher?

7. Können Sie sich mittelfristig neue Anwendungsgebiete durch den Einsatz eins E-Mail Verschlüsselungssystems vorstellen? Welche?

8. Bemerkungen

II Variantenvergleich der E-Mail Verschlüsselungskonzepte

Tabelle 3: Variantenvergleich der E-Mail Verschlüsselungskonzepte

Nr.	Grp	Anforderung	Konzept 1	Konzept 2	Konzept 3	Konzept 4	Konzept 5
1	1	Anschaffungskosten	1	2	5	3	4
2	1	Betriebskosten	1	2	5	3	4
3	1	Verschlüsselungssicherheit	1	1	1	1	1
4	1	Aufwand b. Komm.-partner	5	1	2	2	2
5	1	Administrationsaufwand	1	2	5	3	4
6	2	Installationsaufwand (PKI/Server)	1	2	5	3	4
7	2	Installationsaufwand (Client)	5	2	1	1	1
8	2	Integrierbarkeit	1	1	1	1	1
9	2	Signaturgesetzkonformität	4	4	3	1	1
10	2	Schlüssel- / Passwortverwaltung	5	1	4	2	3
11	2	Nutzerakzeptanz	3	2	1	1	1
12	2	Ausfallsicherheit	1	2	4	2	3
13	2	Skalierbarkeit / Modularität	4	4	1	1	1
14	2	Virenschutz	5	1	1	1	1
15	2	Kompatibilität	5	4	1	1	1
16	2	Schulungsaufwand (Anwender)	4	4	1	1	1
17	3	Schulungsaufwand (Admins)	1	2	5	3	4
18	3	Outsourcing (Sicherheit)	1	1	1	1	1
19	3	Flexibilität	5	4	1	3	2
20	3	Auswirkungen a. Geschäftspro.	4	1	5	2	3
		Summe Kriterien G1:	9	8	18	12	15
		Summe Kriterien G2:	38	27	23	15	18
		Summe Kriterien G3:	11	8	12	9	10
		Summe Gesamt:	58	43	53	36	43
		Platzierung:	5.	3.	4.	1.	2.

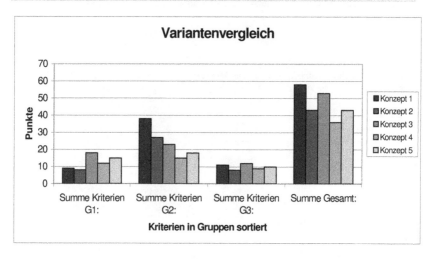

III Kostenvergleich verschiedener Verschlüsselungslösungen

HiSolutions AG

	HiSolutions 1		HiSolutions 2	
	in EURO		in EURO	
Kosten:	8000,00	50 User Lizenzen	20000,00	Banklizenz
	2000,00	Hardware	2000,00	
	10000,00		**22000,00**	
Betrieb:	**2784,00**	Wartungsvertrag	**2784,00**	

Utimaco

	Utimaco 1		Utimaco 2	
	in EURO		in EURO	
Installationskosten:	4750,00	Basislizenz + 25 User	4750,00	Basislizenz + 25 User
	2025,00	+ 25 Lizenzen	2025,00	+ 25 Lizenzen
	2000,00	Hardware	2000,00	Hardware
	1104,00	Workshop	1104,00	Workshop
	9879,00		**9879,00**	
	39,00	Unternehmenszert. / D-Trust	1680,00	50 Stk. personegebundene
Gesamt:	**9918,00**		**11559,00**	Zertifikate
Betriebskosten:	39,00	/Jahr (Zertifikatgebühren)	1130,00	/Jahr (Zertifikatgebühren)
	2784,00	Wartungsvertrag	2784,00	Wartungsvertrag
	2823,00		**3914,00**	

	Utimaco 3	
	in EURO	
Installationskosten:	4750,00	Basislizenz + 25 User
	2025,00	+ 25 Lizenzen
	2000,00	Hardware
	1104,00	Workshop
	9879,00	
	259,00	Unternehmenszertifikat+10 personengebundene Zertifikate
Gesamt:	**10138,00**	
Betriebskosten:	259,00	/Jahr (Zertifikatgebühren)
	2784,00	Wartungsvertrag
	3043,00	

bone labs

in EURO

Kosten:		
	3000,00	1 CPU Lizenz
	45000,00	2001 - 5000 Userlizenz
	2000,00	Hardware
	4000,00	Installation u. Schulung
	54000,00	
	200,00	Unternehmenszertifikat
Gesamt:	**54200,00**	
Betrieb:	200,00	/Jahr Zertifikat
	2784,00	/Jahr Wartungsvertrag
	2834,00	/Jahr

5 Jahres-Kostenvergleich Anbieter

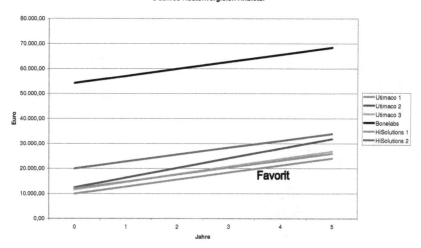

IV   Konfigurationsbeispiele für den SecurE-Mail Dienst

Der Benutzer ist Mitarbeiter der Berliner Volksbank (Beispiel.Nutzer@Berliner-Volksbank.de) und soll E-Mails signieren.

Tabelle 4: SecurE-Mail Konfiguration – interner Benutzer

Einstellung	Parameter
E-Mail Adresse	Beispiel.Nutzer@Berliner-Volksbank.de
Subject Steuerung erlaubt?	nein
Privater Schlüssel	importieren
Adresse des Domain-Zertifikates	leer
Signieren	immer
Verifizieren	ja, ohne Abschneiden der Signatur
Verschlüsseln	nein
Private Crypto Passwort	leer

Der Benutzer ist ein externer Kommunikationspartner der Berliner Volksbank (Externer.Nutzer@Kommunikationspartner.de) und soll E-Mails verschlüsselt empfangen.

Tabelle 5: SecurE-Mail Konfiguration – externer Benutzer

Einstellung	Parameter
E-Mail Adresse	Externer.Nutzer@Kommunikationspartner.de
Subject Steuerung erlaubt?	nein
Privater Schlüssel	keiner
Adresse des Domain-Zertifikates	Wenn Unternehmenszertifikat vom externen Kommunikationspartner genutzt wird, hier die entsprechende E-Mail Adresse eintragen, sonst freilassen
Signieren	nie
Verifizieren	nein
Verschlüsseln	S/MIME, PGP → ERROR
Private Crypto Passwort	leer

Hinweis:
Liegt ein personengebundenes Zertifikat des externen Kommunikationspartners vor, ist das Feld „Adresse des Domain-Zertifikates:" freizulassen. Das zu verwendende Zertifikat wird vom Verschlüsselungsgateway anhand der E-Mail Adresse identifiziert.

Die Benutzer sind externe Kommunikationspartner der Berliner Volksbank, wobei für jeden dieser Kommunikationspartner eine Zertifikat vorliegt.

Tabelle 6: SecurE-Mail Konfiguration – externe Benutzergruppe

Einstellung	Parameter
E-Mail Adresse	*@Kommunikationspartner.de
Subject Steuerung erlaubt?	Nein
Privater Schlüssel	Keiner
Adresse des Domain-Zertifikates	Wenn Unternehmenszertifikat vom externen Kommunikationspartner genutzt wird, hier die entsprechende E-Mail Adresse eintragen, sonst freilassen
Signieren	Nie
Verifizieren	Nein
Verschlüsseln	S/MIME, PGP → ERROR
Private Crypto Passwort	Leer

Hinweis:
Das Zertifikat des externen Kommunikationspartners wird diesem über den Vergleich seiner E-Mail Adresse mit der E-Mail Adresse des Zertifikates zugeordnet.

Ehrenwörtliche Erklärung

„Ich erkläre ehrenwörtlich:

1. dass ich meine Diplomarbeit selbständig verfasst habe,

2. dass ich die Übernahme wörtlicher Zitate aus der Literatur sowie die Verwendung der Gedanken anderer Autoren an den entsprechenden Stellen innerhalb der Arbeit gekennzeichnet habe,

3. dass ich meine Diplomarbeit bei keiner anderen Prüfung vorgelegt habe.

Ich bin mir bewusst, dass eine falsche Erklärung rechtliche Folgen haben wird."

Matthias Müller

Diplom.de

Wissensquellen gewinnbringend nutzen

Qualität, Praxisrelevanz und Aktualität zeichnen unsere Studien aus. Wir bieten Ihnen im Auftrag unserer Autorinnen und Autoren Diplom-, Magister- und Staatsexamensarbeiten, Master- und Bachelorarbeiten, Dissertationen, Habilitationen und andere wissenschaftliche Studien und Forschungsarbeiten zum Kauf an. Die Studien wurden an Universitäten, Fachhochschulen, Akademien oder vergleichbaren Institutionen im In- und Ausland verfasst. Der Notendurchschnitt liegt bei 1,5.

Wettbewerbsvorteile verschaffen – Vergleichen Sie den Preis unserer Studien mit den Honoraren externer Berater. Um dieses Wissen selbst zusammenzutragen, müssten Sie viel Zeit und Geld aufbringen.

http://www.diplom.de bietet Ihnen unser vollständiges Lieferprogramm mit mehreren tausend Studien im Internet. Neben dem Online-Katalog und der Online-Suchmaschine für Ihre Recherche steht Ihnen auch eine Online-Bestellfunktion zur Verfügung. Eine inhaltliche Zusammenfassung und ein Inhaltsverzeichnis zu jeder Studie sind im Internet einsehbar.

Individueller Service – Für Fragen und Anregungen stehen wir Ihnen gerne zur Verfügung. Wir freuen uns auf eine gute Zusammenarbeit.

Ihr Team der Diplomarbeiten Agentur

Diplomica GmbH
Hermannstal 119k
22119 Hamburg

Fon: 040 / 655 99 20
Fax: 040 / 655 99 222

agentur@diplom.de
www.diplom.de